南方电网互联网统一服务平台

主　编：　罗　辑

副主编：　张忠东　张文瀚

電子工業出版社
Publishing House of Electronics Industry
北京 • BEIJING

内 容 简 介

移动平台是“互联网+”的重要组成部分，已成为引领电力产业等领域变革和创新的重要手段。南方电网互联网统一服务平台是南方电网电子服务渠道互联互通的服务平台，该平台遵循“统一服务品牌、统一客户权限、统一服务功能、统一后台管理”的建设路线，是南方电网加快推进传统用电业务与互联网融合创新，推进“互联网+电力服务”的重要举措。该平台有效解决了网络渠道服务品牌不一致、不同渠道客户需要重复注册和服务功能不一致等问题，为客户提供了统一的服务入口和服务信息。

本书对南方电网互联网统一服务平台做了全方位的介绍，主要包括电力系统供给侧结构性改革、电力企业供电服务的新形势、互联网统一服务平台的总体方案和主要功能、互联网统一服务平台模块介绍，以及南方电网的成果和下一步发展。

本书可为大型企业的移动服务平台的构建和应用提供参考。

图书在版编目（CIP）数据

南方电网互联网统一服务平台/罗辑主编. —北京：电子工业出版社，2019.12
ISBN 978-7-121-37734-1

Ⅰ. ①南… Ⅱ. ①罗… Ⅲ. ①电力工业－供电管理－商业服务－体系建设－研究－中国
Ⅳ. ①F426.61

中国版本图书馆 CIP 数据核字（2019）第 240159 号

责任编辑：徐蕾薇　　文字编辑：王　群
印　　刷：北京七彩京通数码快印有限公司
装　　订：北京七彩京通数码快印有限公司
出版发行：电子工业出版社
　　　　　北京市海淀区万寿路 173 信箱　　邮编：100036
开　　本：720×1 000　1/16　印张：8.25　字数：145.2 千字
版　　次：2019 年 12 月第 1 版
印　　次：2020 年 12 月第 3 次印刷
定　　价：68.00 元

凡所购买电子工业出版社图书有缺损问题，请向购买书店调换。若书店售缺，请与本社发行部联系，联系及邮购电话：（010）88254888，88258888。

质量投诉请发邮件至 zlts@phei.com.cn，盗版侵权举报请发邮件至 dbqq@phei.com.cn。

本书咨询联系方式：（010）88254758，wangq@phei.com.cn。

编委会名单

主　　编：罗　辑

副 主 编：张忠东　张文瀚

编委成员：唐国亮　谢　辉　罗宏珊　吴　峰

　　　　　詹卫许　沈宇红　段海燕　刘　飞

目录

第 1 章

电力系统供给侧结构性改革

供给侧结构性改革的概念，由习近平总书记在 2015 年年底首次提出。几年来，供给侧结构性改革的理论内涵不断丰富、政策体系日臻完善、实施效果逐步显现，成为经济新常态下引导我国经济转型升级的理论指南，是新时代中推动我国经济高质量发展的实践主线。2018 年年底召开的中央经济工作会议明确提出："我国经济运行主要矛盾仍然是供给侧结构性的，必须坚持以供给侧结构性改革为主线不动摇，更多采取改革的办法，更多运用市场化、法治化手段，在'巩固、增强、提升、畅通'八个字上下功夫。"

电力工业是国民经济发展的重要基础工业。在供给侧结构性改革中，电力工业处于非常重要的地位。一方面，电力的资源开发、加工转换、传输配送、终端销售等环节需要资源、资金、人力、技术等要素的支撑，其本身就是经济供给体系的重要组成部分；另一方面，作为重要的基础工业产品和生产生活资料，电力发展成为供给侧结构性改革的重要领域和重要支撑。

电力供给侧结构性改革本身亦是从提高电力供给质量和效率的角度出发，用改革的办法提高电力供给对用电需求变化的适应性和灵活性，实现由低水平供需平衡向高水平供需平衡的跃升，推动新时代电力可持续、高质量发展。电力供给侧结构性改革的核心应是体制机制变革，既充分发挥市场在资源配置中的决定性作用，又充分发挥政府的规划引导、监督管制作用，实现增长协同、利用高效、市场完善、竞争充分、产品丰富、技术领先的高水平供需平衡。有关机构预测，在"十三五"期间，全国 GDP 增长 6.5%～7%，速度变化、结构优化、动力转换是经济发展新常态的三大特征。随着电力供需进一步宽松和电力消费换挡到中速甚至低速增长，电力工业发展应主动适应经济发展新常态，在牢固树立创新、协调、绿色、开放、共享五大发展理念的基础上，紧密结合电力工业的发展现状，积极推进供给侧结构性改革，系统扎实地推进电力工业的转型和发展方式的转变。

1.1　供电服务面临的问题

南方电网是服务型企业，实现电网高质量发展，是公司更好地服务经济社会发展、服务人民美好生活需求的重要前提。公司讲究“内质外形”，即内强素质，外树形象，内求质量，外讲服务。近年来，南方电网坚持把电网发展作为第一要务，在体制、机制、业务、技术等多方面下功夫。从公司成立到2018年，公司售电量从2575亿千瓦时增长到9702亿千瓦时，年均增长9.2%；营业收入从1290亿元增长到5373亿元，年均增长10.4%；西电东送电量从267亿千瓦时增长到2175亿千瓦时，年均增长15.0%；资产总额从2312亿元增长到8167亿元，增长了3.5倍；累计实现利税5377.7亿元。全网110千伏及以上变电容量从2亿千伏安增长到9.8亿千伏安，线路长度从7.3万公里增长到22.2万公里，分别增长了3.9倍和2.0倍。尽管公司十几年来发展迅速，但可以看到，电网发展还面临一些突出的问题和挑战：电网安全基础还不牢固，“强直弱交”矛盾突出；电网优化配置资源作用发挥不充分，跨区输电能力不足与通道能力闲置并存；城乡区域电网发展不平衡，配电网、中西部地区农村电网发展滞后。要坚持高质量发展理念，从当前电网的薄弱环节入手，抓重点、补短板、强弱项、去瓶颈，不断增强公司的服务能力，提升电网的服务供给质量。

1.1.1　电力供需矛盾和薄弱问题

随着社会经济的发展，城市化进程的加快，人们生活水平的不断提高，广大电力客户对电力的依赖程度越来越高，要求也越来越严格。“有电用”是电力客户的基本需要，缺电、停电已成为社会广泛关注的热点问题。由于电力生产的特殊性，临时停电、事故处理停电、计划停限电时有发生，甚至发电厂也发生停电，客户只会把“没电了”的原因归咎到供电企业的身上，对供电企业的服务提出批评。概括来说，目前，电力供需矛盾和薄弱问题主要表现为以下几个方面。

（1）发电装机结构不合理造成电力供应不足。虽然这几年新增发电机组陆续投产，但水火电装机结构不合理的矛盾更加凸显，加之缺水、缺煤、缺天然气等因素导致发电出力不足，造成区域性、季节性、时段性缺电严重，使客户产生抱怨情绪。

（2）输电网建设滞后，造成电力供应的瓶颈。近两年，虽然电网建设投资不断加大，但输电网建设速度仍未跟上负荷和电源点的发展速度，特别是有些电厂的送出与并网问题未能得到有效解决，局部区域存在“窝电”（发电机组、发电厂或局部电网由于联结元件的限制，造成部分多余电力不能向系统输送）现象。

（3）配电网络薄弱，影响电能质量。一方面，在国家取消配电贴费政策后，供电企业缺乏专门的业务扩充资金对配电网络进行建设。前几年虽然进行了城市电网改造和农村电网改造，也只解决了部分问题。另一方面，在城市规划中常常未将配电线路走廊考虑在内，时常出现待建电力线路无法直接接入客户区域，或者现有的电力线路被划入客户建筑红线区域等尴尬的情形，在一些中小城市情况尤为严重。配电网薄弱导致客户端电能质量低，负荷分布不均衡。特别是农村用户，常常连家用电器都不能正常使用，造成与城市用户“同价不同质”。

（4）当前电网建设改造任务重，计划停电较多。虽然计划停电大多提前 7 天在停电区域发放公告，但一些客户没有及时关注媒体信息，导致停电后客户不能理解。另外，由于天气和施工进度等原因，有时在更改计划停电的时间和次数上对客户的衔接和公告又未跟上，造成客户有较大的“敌对”情绪，认为供电企业作风霸道，想停就停，不顾及客户利益。

1.1.2　客户服务形式单一问题

目前一些供电企业普遍存在服务内容与方式单一的现象。这一现象的产生主要是由于供电企业虽然能够意识到客户服务工作的重要性，但却对具体的客户服务内容及服务形式，或者服务质量缺乏一定程度的重视。在大多数的客户服务中，供电企业只提供咨询服务，不能对用电客户进行有效的后期引导，进而使得客户在后期用电过程中出现故障时，无法立刻找到相关部门对自身问题进行解决，这一情况的存在就会使得用电客户在产生经济损失后对供电企业产生了不满情绪，进而也对企业在行业中的评价效果产生负面影响。

近年来，电力行业加强了对电网整体的升级，但信息化建设仍存在不足。随着移动互联网的快速发展和智能手机的全面普及，电力客户获取服务的习惯逐渐由线下转到线上，由语音服务转向多媒体服务，传统供电企业在信息化服务中明显出现落后现象，不能为客户提供较为全面的手机、电脑等终端服务。目前，电力客户服务也以查询、缴费为主要业务，维修、迁移、变更等服务需求仍需客户到供电企业营销部门办理，影响电力供应的便捷性发展。电力企业需要紧跟互联网发展速度，掌握客户的消费习惯并改变自身的服务习惯。一方面，客户对电力服务提出了更高更多的服务要求，服务次数及服务频率不断上升；另一方面，客户获取服务的习惯逐渐由线下转到线上，由语音服务转向多媒体服务。如何结合多媒体技术的应用做好客户服务渠道建设，成为南方电网客服中心应重点解决的问题。

在移动互联网的大背景下，电网公司更要清醒地认识和区别对待传统的电话热线渠道、线下营业厅等实体的服务渠道与电子远程渠道，如微信、微博、QQ、百度、掌上营业厅、网上营业厅等。电网公司只有把握住各种渠道的特点，将传统与创新结合，才能为客户提供更好、更全的服务，提升电网公司整体形象。传统服务渠道与电子远程渠道目前的发展趋势在于以下几点。

（1）虽然传统电话热线渠道占比下降，但仍是目前主体的服务渠道，是实现全功能支撑，满足客户一站式电力服务需求的渠道，也是 95598 系统延续服务的终极解决渠道。

（2）远程渠道作为重点发展对象，起到扩大服务触点、强化业务能力和客户影响力的作用，同时也是聚焦客户需求、做强业务功能和提升高品质服务的有力补充，能满足客户群的核心服务诉求。

（3）第三方渠道作为异业合作的主要方式，是 95598 客户服务渠道的有效补充，能在一定程度上弥补自有渠道天然的劣势，能为提升服务渠道能力贡献其正向作用。

1.1.3　供电服务意识不到位问题

供电企业作为体制内企业的时间较长，且长期属于垄断经营企业，传统的“电老大”思想虽然经过多次改革有所淡化，但在基层营销服务中，营销岗位人员甚至管理层人员对优质服务思想认识不足的情况仍然存在。供电企业作为电力行业的窗口单位，与客户接触最为紧密，其服务能力及水平直接影响供电客户群及电力市场占据份额。随着我国对能源愈加重视，多样性能源正抢占能源供需市场，电力能源具有清洁性，但供电企业在服务过程中不注重对客户群的维护，导致能源客户增加不足，企业经营及利润受到直接影响，优质服务意识淡漠，不仅给供电企业发展带来了影响，更对电力行业发展带来了阻碍。电力公司供电服务意识不到位的问题主要表现为以下几个方面：

（1）思想认识不到位。

目前，供电企业部分从业人员认为优质服务工作对供电企业来讲是虚的软任务，是阶段性任务，与生产、基建等工作不同，服务的好坏不会给企业带来直接的效益和影响，因而在工作上被动接受，表面应付，更谈不上创造性地开展工作，认为实行供电服务承诺制是自戴“紧箍咒”、自找麻烦。为了促进电力客户服务的完善，提升供电服务品质，必须紧密结合时代发展的需要，始终以客户服务至上为服务理念，采取有效的措施，致力于提升客户服务水平和供电服务品质。

（2）队伍整体素质不到位。

电力行业不同于其他服务行业，其天然的垄断性使其仍具有一定的行业内部保护。电力供应还没有完全步入市场，供电工程在施工周期、质量、价格等方面离优质服务要求及市场要求还有差距，导致企业从业人员缺乏服务意识、市场意识及竞争意识。

1.1.4　供电服务管理落后问题

供电服务管理涉及客户的沟通交流渠道建设、客户关系管理（CRM）、客户的诉求解决等相关内容，目前供电企业最缺的是服务管理方面的制度和标准。尽管供电企业在电力改革的行业要求下进行了根本性的转变，但供电企业的供电服务仍存在许多问题，用电客户与供电企业沟通交流平台少，企业的管理要求与服务要求时常存在矛盾，服务资源配置不合理，危机应急处理机制落后及科技运用水平不高，众多企业内部不足因素对企业未来发展造成了影响。

（1）用电客户与供电企业沟通交流平台较少。目前，无论是城市供电营业厅还是农村供电所、95598 服务热线与网站，都还停留于重服务形式、轻服务内容上；营业厅和 95598 客户服务网站多的是法律规程，少的是专业术语的解释；作为一个技术性、专业性较强的企业，供电服务没有更多地面对客户的诸如变压器和电表等参数读取方法、损耗计算方法、安全用电、节约用电等方面的知识介绍。

（2）供电企业的管理要求与服务要求有时存在矛盾。供电企业的内部机构是按照以生产为中心进行设置的，供电企业把安全生产放在了企业的管理活动首位，保安全成为“重中之重”，形成了“人人讲安全”的氛围，取得了良好的成绩。而优质服务却被认为是营销部门和窗口人员的事，没有形成“人人讲服务”的氛围。因此，在实际的服务工作中，当管理要求与服务要求发生矛盾时，供电企业常常以“电网安全”为理由将优质服务放在次要位置。

（3）服务资源的配置不合理。从供电企业的销售量和收入来看，居民客户的电量及收入占的比例都较小，往往在 20%以下；但从服务资源的配置上看，供电企业服务资源（营业厅设置、人员配置、95598 售后服务、抢修体系建立）更多是向居民客户提供服务的，可以说大量的服务资源被城市居民享用了，而为供电企业创造了大部分利润的大客户占用的服务资源则十分有限，可以说是“二八定律”的又一解释。这说明供电企业具有关系国计民生的公用属性。

（4）危机应急处理机制落后。从我国供电企业近几年发生的服务曝光事件来看，其中很多是可控制的，至少是可以事后控制的，但供电企业缺乏应对服务危机事件发生后的处理机制，内部管理信息流转不通畅，上下不协调，没有完整可行的应对方案，从业人员冷漠对待事件扩大和事态的蔓延，缺少危机处理的培训和演练。

（5）科技运用水平不高。营销管理信息系统、95598 系统、负荷管理系统等都是独立开发的，不能实现信息资源共享。营销管理信息系统是按营销业务管理的要求来开发的，不能满足客户服务管理的需求。

1.1.5　供电服务安全问题

南方电网要实现优质供电服务，一方面要优化公司的营销手段，另一方面，也要建设安全可靠的电网系统，确保生产运行的顺畅。给用电客户提供持续、安全、可靠的供电是公司供电服务最基本的要求。要实现为客户提供持续、安全、可靠的电力供应，满足客户的基本需求，可以从以下几个方面入手。

（1）加强电网统一规划，建设坚强智能电网。

电网建设必须实行统一、科学的规划，电网结构是否合理、运行是否安全可靠、调度是否灵活、能否适应电力市场发展需要的重要基础是规划建设。因此，必须强调统一规划、科学规划，这既是我国多年来的成功经验，又是近年来国外几次大范围停电事件给我们的深刻教训和启示，要充分发挥和依靠政府在电力规划和电网建设上的主导作用，加快推进电网建设的步伐。完善电网统一规划建设机制，形成主网、城市配网、农网之间相互依托、合理规划且运行灵活的电网。同时要在电源建设和电网建设，输电网建设和配电网建设，一次系统建设和二次系统包括通信、自动化、信息网络系统建设等方面做到时间与空间上的协调统一和科学规划，共同构建坚强智能电网。

（2）坚持电网统一调度，确保电网安全运行。

南方电网供电区域包含广东、广西、云南、贵州和海南五省区，要确保如此大范围的电网安全，坚持统一调度至关重要。尽管由于电力体制改革，建立了发电侧电力市场，但电能不能储存，其发、供、用瞬时完成，产、供、销同时实现的技术特征和市场特征并没有改变。电网调度的第一要务应当是协调发电、输电、配电和用户之间的关系，保证电网的安全、稳定运行，保证向用户提供可靠的供电，这不仅是供电企业的职责，也是广大用户共同的职责。电力用户要积极参加需求侧管理，合理错峰、避峰，缓解电网压力，政府要发挥主导作用，引导用户服从电网调度。无论是发电企业、供电企业还是用电客户，必须从大局出发，把电网安全放在第一位。

（3）强化设备运行维护管理，提高供电可靠性。

电力基建、技改、业扩工程要从设计、设备采购、施工、验收等各环节严把质量关，让运行单位人员提前介入，参与工程质量把关和熟悉工程实施情况，实行“零缺陷”移交。按照“全寿命周期”管理和省公司“一年不检修、五年不扩建”的要求，落实到位，真正做到“基建为生产、生产为营销、营销为客户”。生产运行单位要加强对输变电设施的运行管理和维护工作，强化员工的责任意识，全面推行状态检修，确保设备健康。要规范计划停电管理，严把计划停电的审核批准关，杜绝重复停电。对于计划停电工作，要履行供电服务承诺，提前七天通知客户。新的设备和技术在电力系统应用越来越广，员工队伍建设工作迫在眉睫，生产运行人员应加强自主学习、开展岗位培训，提高员工综合素质，以适应智能电网发展的需要。

（4）完善应急管理机制，提高公众应急意识。

随着电网公司近些年来的快速建设和发展，大电网的优势显而易见，大电网能够促进能源资源的合理利用，提升经济效益，提高电能质量和电网的安全稳定水平。随着电网的互联和电网覆盖范围的扩大，大电网一旦发生事故而且不能迅速消除时，很可能导致稳定破坏和不可控的连锁反应。华南地区是一个易发季节性多种气象灾害的地区，如台风、暴雨、雷雨、洪涝等灾害性气象。因自然灾害导致的大范围、长时间停电，将对人们的日常生活和经济安全造成严重影响。新形势下建立的电网，应该着力完善由政府主导、电网公司与民众共同参与的南方电网的应急管理机制。

1.2　供给侧结构性改革的必要性

供给侧结构性改革是建设现代化经济体系的重要内容，加快供给侧结构性改革，是适应和引领经济发展新常态的关键药方，电力行业大力推进供给侧结构性改革，积极发挥电网在改革中的作用，对于破解电力发展难题，提升发展质量，适应和引领新常态，满足经济社会发展对电力服务的需求具有重要而深远的意义。

1.2.1　新形势要求加快电力系统供给侧改革

国民经济的平衡发展取决于经济中需求和供给的相对平衡。电力供给侧，即电力供给方面。当前，我国已经进入中国特色社会主义新时代，加快推进电力供给侧结构性改革势在必行。在全国政协十二届五次会议经济界小组讨论会上，全国政协常委、全球能源互联网发展合作组织主席、中国电力企业联合会理事长刘振亚表示，解决煤电产能过剩等我国电力发展的突出矛盾和问题，关键是要贯彻五大发展理念，以供给侧结构性改革为主线，以绿色低碳发展为方向，加强统一规划，加快结构调整，优化发展布局，充分发挥大基地、大电网、大市场的作用，全面提升电力发展安全、质量、效益和效率，为经济社会发展提供可靠、清洁的电力保障。

近年来，我国电力工业快速发展，截至 2018 年年底，全国发电装机容量 18.9 亿千瓦，位居世界第一，与 1978 年年底相比，增长了 30 余倍；全国 220 千伏及以上变电设备容量 39.5 亿千伏安、输电线路回路长度 72.9 万公里，是全球第一大电网，为经济社会发展提供了有力支撑。在取得巨大成绩的同时，我国电力结构、布局、效益、安全、环保等方面也面临一些深层次的矛盾和问题，如果不尽快解决，将严重影响电力行业的可持续发展。

1.2.2　深化供给侧改革，推动电力工业高质量发展

我国经济已由高速增长阶段转向高质量发展阶段。“经济要发展，电力要先行”，经济的高质量发展离不开电力的强力支撑。南方电网时任领导指出，中国南方电网要不断深化供给侧结构性改革，推动电力工业高质量发展。改革开放以来，我国电力工业发生了翻天覆地的变化。但是我们也要看到，电力工业在快速发展的同时，“发输变配用”各环节发展不平衡、不充分的问题也日益显现，导致电网建设和管理存在薄弱环节，主网与配网、农网发展不平衡问题突出，供电服务质量整体有待提升。电力工业发展必须从满足人民日益增长的美好生活需要出发，着力破解电力发展中的“痛点”和“难点”，突出高质量发展这个总要求，以供给侧结构性改革为主线，统筹推进电力发展质量变革、效率变革、动力变革，推动构建清洁低碳、开放融合、安全高效的现代能源体系，为实现中华民族伟大复兴的中国梦提供强有力的电力支撑。

深化供给侧改革，做到以质量变革为主体，提升电能质量和服务质量。不断提升电能质量，确保人民群众从“用上电”到“用好电”。随着经济社会

的发展，以及电子信息技术的迭代升级和广泛应用，一些新业态对电能质量的要求不断提高，电压暂降和短时断电等动态电能质量问题被广泛关注，并趋向“零容忍”。与此同时，我国农村电网建设仍显滞后，城乡服务均等化仍然存在差距。因此，我国电力工业要把满足人民日益增长的美好生活的电力需要作为一切工作的出发点和落脚点，不断提高电能供给质量。要围绕构建安全高效的现代能源体系，统筹主干电网、城农网投资和优化策略，着力打造智能电网，扩大有效和中高端供给，为广大客户提供更加可靠、稳定的优质电能。积极服务乡村振兴战略，加快农网改造升级，补齐农村电力普遍服务短板，建成结构合理、技术先进、安全可靠的农村配电网。

持续提升服务质量，增强人民群众的获得感、幸福感。提升服务质量是电力企业生存发展的价值所在和根本意义。以南方电网为例，南方电网一直坚持“人民电业为人民”的企业宗旨，把“以客户为中心”的理念落实到营销、规划、建设、生产、财务、信息等各环节，公司连续多年获得地方政府公共服务评价第一名，第三方客户满意度连续 7 年稳步提升。但是南方电网也必须认识到，与国际先进水平相比，南方电网的服务质量还存在较大差距。根据 2018 年世界银行的调查，目前我国在全球 190 个经济体中“营商环境”指标排名 46 位，其中一项关键指标——“获得电力”指标排名 14 位。“获得电力”指标主要涉及报装接电时间、流程、成本及供电可靠性等因素，说明电网企业在报装接电等用电服务领域的提升空间还很大。要进一步增强主动服务和全员服务意识，为客户提供更加优质、高效、便捷、规范的供电服务。大力推行“互联网+”电力服务、智能用电技术及大数据应用技术，创新服务手段，丰富服务内涵，扩展服务外延，满足客户多元化、个性化的用电需求。

1.2.3 建设国际先进电网企业的要求

电力供应作为社会公用事业，其服务水平和客户体验关系着千家万户的日常生活。电网企业的不断建设发展，其根本目的是不断发挥自身在社会生产生活中基础服务供给者的角色，为社会大众的生产生活提供一流的电力服务，为社会的稳定与和谐发展奠定高效坚实的基础。

目前，南方电网所处的内外部环境正发生巨大变化：互联网技术和可再生能源的融合推动了第三次工业革命的到来；云计算、物联网、大数据、移动互联网、语音识别等新技术渐趋成熟。在新形势、新环境下，客户全方位服务也将萌发新的发展需求，营销管理系统需要及时完善提升，各服务渠道也需要及时进行整合优化，实现对客户服务的支撑，也是实现公司“成为服务好、管理好、形象好的国际先进电网企业”中长期发展战略及营销职能战略目标的重要支撑和保障。

2018 年南方电网坚持以习近平新时代中国特色社会主义思想为指导，怀揣着一家责任央企的视野和担当，以贯彻落实中央决策部署为基本原则，锐意进取、改革创新、真抓实干、攻坚克难，实现了以下目标。

（1）勇于创新，将改革向纵深推进。公司认真谋划统筹抓好 34 项改革试点，带动企业内部全面深化改革；积极稳妥开展混合所有制改革，打造全国首家增量配电混改“前海模式”；电力市场化改革迈出新步伐，南方（以广东起步）电力现货市场率先在全国启动试运行。

（2）无畏艰辛，助力打赢三大攻坚战。公司整体资产负债率控制在良好水平；直接帮助 240 个贫困点脱贫摘帽，8.1 万人脱贫，在国务院定点扶贫工作考核中荣获最高评级；全年全网非化石能源电量占比达到 51.5%，西部水电得到最大程度消纳。

（3）多措并举，大力优化电力营商环境。坚决落实国家关于一般工商业电价平均降低 10%的目标要求，全年降低客户用电成本 223 亿元；实施服务粤港澳大湾区发展和服务海南全面深化改革开放的重点举措，“获得电力”指标持续提升；广州、深圳及珠三角六城市中心城区客户平均停电时间小于 1 小时，达到世界一流水平。

1.2.4　实现南方电网提升客户服务水平管理需求

根据南方电网“提高电力供应能力，切实保障民生用电，提升客户满意水平，促进社会和谐稳定”的总体目标和要求，满足客户“用上电、用好电、服务好”的根本性需求，对各服务渠道功能进行升级改造及整合优化。通过贯穿客户关系管理层、业务流程层、运营监控层和组织架构层，建立以客户需求为导向的全方位服务体系，构筑客户服务同心圆，能够切实提升客户服务水平，实现管理精细化、集约化，提高企业管理水平和工作效率。通过对各服务渠道功能的持续优化提升，最终实现提升客户服务满意度这一核心理念，是实现南方电网提升客户服务水平管理需求落地的重要体现，是实现公司战略与使命的重要体现，也是实现南方电网市场营销战略和品牌战略的重要体现。

1.2.5 实现南方电网“两型两化”战略目标

南方电网信息化建设基本思路是由“业务驱动型”向“战略驱动型”或“战略支持型”的一体化信息模式转变。以南方电网战略为导向、以创先为载体、以信息化为技术支撑，不断完善组织架构、规范管控模式、优化业务流程，实现管理创新。以供给侧结构性改革为主线，以全球视野和世界眼光为基础，以经济效益为中心，在巩固传统优势领域的同时，推动能源转型与绿色发展，加快“两型两化”建设。

1.3 供给侧结构性改革措施

南方电网时任领导表示，南方电网将坚持有利于促进供给侧结构性改革、有利于促进电力市场建设、有利于促进清洁能源消纳和资源优化配置、有利于促进电力行业健康发展的“四个有利于”原则。

此外，南方电网还全力推进供给侧结构性改革。2016 年，南方电网印发的《关于落实供给侧结构性改革工作的指导意见》指出，在推进供给侧结构性改革过程中，要牢固树立创新、协调、绿色、开放、共享五大发展理念，对内深化体制改革，提高发展质量，加强经营管理，实施创新驱动战略；对外提升电力供给质量和服务，减少无效供给，扩大有效供给，提高电力供给结构对务求结构的适应性和灵活性，促进电力行业平稳健康发展。当前重点是推进“三去一降一补”五大任务。

为大力推进供给侧结构性改革工作，公司制订了一系列保障措施，要求加强组织领导，供给侧结构性改革工作在公司全面深化改革领导小组的领导下开展，总部各部门围绕主要任务和职责分工，落实具体实施计划；加强责任考核，将实施意见纳入督办考核内容，量化考核目标；加强统筹协调，供给侧结构性改革要与公司“十三五”改革发展系列规划有机结合、统筹推进；

加强宣传引导，营造良好舆论氛围等。

1.3.1　树立创新、协调、绿色、开放、共享五大发展理念

党的十八届五中全会强调，实现“十三五”时期发展目标，必须牢固树立并切实贯彻创新、协调、绿色、开放、共享的发展理念。深入学习贯彻五大发展理念，认识新常态、适应新常态、引领新常态，是我国电力能源企业实现更高水平转型发展的应有之义。

1．新常态下电力能源产业面临的新挑战

“十三五”时期，我国经济发展将从高速增长转为中高速增长，经济结构面临深入调整，以往的要素驱动、投资驱动将转向创新驱动。这种广泛而深刻的变化，为我国电力能源产业发展带来新挑战。

（1）电力需求放缓及需求结构变化的挑战。经济新常态带来用电量增速的放缓，电力需求结构发生深度调整，2017 年，全社会用电量达到 63077 亿千瓦时，同比增长 6.6%，增速较上年提升 1.7 个百分点。第一、二、三产业和居民生活用电量分别同比增长 7.3%、5.5%、10.7%和 7.8%，第二产业对全社会用电量增长的贡献高达 60%。如何适应电力需求总量增速变缓及需求结构变化，是电力能源产业今后必须面对的一大挑战。

（2）电力生产结构适应绿色发展的挑战。我国向国际社会做出了低碳减排的承诺，加上国内资源环境的约束，实现污染物总量及强度双目标控制的需求更为迫切。由于我国富煤少油贫气的资源禀赋，以燃煤为主的电力生产格局短时间内难以发生根本性改变，要建立低碳、绿色、环保的电力生产结构还有很长的路要走。如何使发电产业适应绿色发展的要求，越来越成为电力能源产业面临的挑战。

（3）科技创新适应能源革命要求的挑战。实现能源生产与消费革命，关键在于电力能源技术革命。目前在能源转换、利用效率方面尚未取得重大突破。在电力供应侧，我国火电能效利用率最高仅为 44%左右，新能源产业中关键零部件及核心技术对外依存度较高，自主创新能力不足，与电力能源产业转型升级的要求不能相适应。在电力消费侧，节能意识不强，消费终端工艺技术和装备落后，单位能耗产出水平还有很大的提升空间。如何适应能源

革命需求，加快科技创新步伐，是今后电力能源产业必须突破的重要瓶颈。

“十三五”期间《能源发展“十三五”规划》，给我国能源供给侧结构性改革提出了三个阶段任务目标，主要包括以下几点。

第一阶段，到 2020 年，能源消费总量控制在 50 亿吨标准煤以内。其中，煤炭消费总量控制在 41 亿吨标准煤以内，比重降低到 58%以下；非化石能源占比达到 15%以上；天然气占比力争达到 10%。2020 年，常规水电装机规模达到 3.4 亿千瓦；风电装机规模达到 2.1 亿千瓦以上，风电与煤电上网电价基本相当；太阳能发电装机规模达到 1.1 亿千瓦以上，光伏发电力争实现用户侧平价上网；运行核电装机力争达到 5800 万千瓦。2020 年，单位国内生产总值能耗比 2015 年下降 15%，单位国内生产总值二氧化碳排放比 2015 年下降 18%。

第二阶段，展望 2030 年，能源消费总量控制在 60 亿吨标准煤以内，煤炭占比下降至 50%以下，非化石能源占比达到 20%，天然气占比达到 15%。碳排放强度较 2005 年下降 60%～65%，碳排放达到峰值，并争取提前达到峰值。

第三阶段，展望 2050 年，能源消费总量控制在 65 亿吨标准煤以内，煤炭占比下降至 30%左右，非化石能源占比达到 35%，天然气达到 20%左右。碳排放总量力争回落至 2010 年的水平。

2015—2050 年我国能源结构中长期目标如表 1-1 所示。

表 1-1　2015—2050 年我国能源结构中长期目标

指　　标	2015 年	2020 年	2030 年	2050 年
能源消费总量（亿吨标准煤）	43	50	60	65
煤炭占比（%）	64	58	50	30
石油占比（%）	18.1	17	15	15
天然气占比（%）	5.9	10	15	20
非化石能源占比（%）	12	15	20	35

数据来源：2015 年数据根据国家统计局公布数据计算所得；2020 年、2030 年、2050 年的数据为中国国际经济交流中心课题组根据公开资料分析计算所得。

2. 电力能源产业可持续健康发展的主攻方向

作为世界上最大的电力能源生产国和消费国，在经济增速换挡、资源环境约束趋紧的新常态下，要把五大发展理念贯穿于电力能源产业发展全局和全过程，明确电力能源产业重点发展方向，着力推动电力能源产业可持续健康发展势在必行、刻不容缓。电力能源产业可持续健康发展的主攻方向在于以下几个方面。

（1）加快资源节约环境友好型电力需求侧建设。我国单位能耗产出水平低的重要根源，在于能源价格形成机制不合理、经济增长方式粗放。要扭转这种局面，必须积极倡导绿色发展，构建完善的资源节约、环境保护法制体系，提高各类产业标准、行业标准和产品标准，理顺电力能源产品价格关系，依靠技术进步和经济调节双轮驱动，实现资源的高效利用。

（2）加速绿色低碳环保型电力供应侧建设。电力供应侧建设，重点在于推进电力生产方式和结构变革。一方面，力争核电、页岩油气、深海油气等领域实现重大突破，为我国电力供应侧创造丰富的清洁能源储备。另一方面，逐步改变我国煤炭分散燃烧的现状，大幅度提高煤炭的电力化比重，加快大容量高效低排放机组建设，全面推进煤炭的洁净化集中利用。同时，加快清洁能源的开发利用，提高电力生产结构中清洁能源的比重。

（3）加速实现电力能源产业技术革命。要实现电力能源产业技术革命，关键在于立足国情，把握创新重点方向，充分吸收利用世界最新科技成果、管理经验、商业模式，深化国际能源领域双边与多边合作，加大自有知识产权的关键技术攻关，发展新能源科技，加速推动新一轮电力能源技术创新，逐步摆脱对化石能源的依赖，依托智能电网、互联网等技术进步实现洁净化石能源和清洁能源的优化配置，全面推进消费终端技术升级，从根本上改变电力能源生产、消费方式和结构，实现电力能源消费与供应革命。

3. 南方电网助力污染防治，清洁能源比重持续提升

南方电网一直以新发展理念来要求自己，在创新、协调、绿色、开放、共享五大理念的前提下助力污染防治，清洁能源比重持续提升。全力促进清洁能源消纳，全面提升能源结构的优化密度，是南方电网坚决打好“污染防治攻坚战”、打赢“蓝天保卫战”的有力措施。在公司全面深化改革的背景下，截至 2018 年年底，南方电网在污染防治和清洁能源利用方面已取得了非凡的成就，主要有以下几个方面。

（1）截至 2018 年年底，南方电网统调装机容量突破 3 亿千瓦，其中非化石能源装机占 54.55%，高于全国平均水平 18 个百分点。

（2）2018 年，南方电网统调水能利用率达 95.6%；风电、光伏发电等新能源利用率超过 99%，实现基本全额消纳。

（3）南方电网积极探索清洁能源消纳的市场化手段，2018 年累计成交电量 295 亿千瓦时。

（4）2018 年，南方电网统调水能利用率达 95.6%；风电、光伏发电等新能源利用率超过 99%，实现基本全额消纳；核电平均利用小时数达到 7696 小时，同比增加 5.4%。2018 年，南方电网非化石能源电量占比为 51.5%。

此外，南方电网积极探索清洁能源消纳的市场化手段。2018 年 8 月，南方（以广东起步）电力现货市场启动试运行，迈出我国电力市场化改革的关键一步。南方电网通过组织云南送广东增量挂牌交易、云贵水火置换交易、广西按月开展水火（核）发电权交易等市场化手段，为消纳清洁能源腾出了市场空间和通道能力，累计成交电量 295 亿千瓦时。

1.3.2 落实“三去一降一补”

巩固“三去一降一补”成果，根本在于推动“三去一降一补”取得实质性进展。“三去一降一补”，即去产能、去库存、去杠杆、降成本、补短板。作为深化供给侧结构性改革的重要任务，“三去一降一补”能够解决重大结构性失衡问题，解决资源配置和经济结构不合理问题，是市场化、法治化的落实手段，有利于促进资源有效配置和经济结构调整，也有利于化解经济转型发展面临的内生性、结构性突出矛盾，实现总供给和总需求的均衡，进而培育和升级经济高质量发展的动力，推动经济发展从量变到质变的跨越。

1. 去产能，去库存、去杠杆

“三去”的主要任务是去产能，既要着力电网自身去产能，又要积极推动引导电源和消费侧去产能。要控制资产负债率，稳健经营。南方电网主要从以下几个方面实现去产能、去库存、去杠杆。

（1）加强电网投资管控。

科学制定“十三五”投资规划、输电网规划、配电网和农村电网规划，从源头加强电网投资有效性管理，推动投资由规模速度型转向质量效益型。

（2）化解电力冗余产能。

深入研究南方电网“十三五”电力需求形式，向政府、能源主管部门提供建设性意见；落实国家煤电有序发展政策；杜绝违规建设机组并网。

（3）促进清洁能源消纳。

全面实行绿色调度；保障水电、光伏、风电等可再生能源优化上网；积极支持发电权交易，加强省间余缺调剂；深化西电东送战略。

（4）落实淘汰落后产能政策。

严格执行高耗能企业差别电价、惩罚性电价，以及电解铝、水泥等行业阶梯电价政策，发挥电价在促进绿色发展中的引导作用，确保公司执行的电价符合国家经济结构调整、产业升级和环境治理政策发展方向。

2. 降成本

重在还原电力商品属性，矫正电力价格扭曲，降低全社会用电成本，支持实体经济发展；降低制度性交易成本，转变政府职能、简政放权，进一步清理规范中介服务；降低企业税费负担，进一步正税清费，清理各种不合理收费，营造公平的税负环境；降低电力价格，推进电价市场化改革，完善煤电价格联动机制；降低物流成本，推进流通体制改革。南方电网降成本主要从以下几方面入手。

（1）推动输配电价改革。

公司落实《关于进一步深化电力体制改革的若干意见》（中发〔2015〕9 号）及配套改革文件要求，积极推动输配电价改革。2015 年以来，按照党中央和国务院的决策部署，各地价格主管部门和电网公司共同努力，不断推进电价改革，建立了科学、规范、透明的输配电价体系。下一阶段，要全面纵深推进输配电价改革，进一步扩大输配电价改革覆盖率，向上延伸到区域电网和跨省跨区输电工程，向下延伸到地方电网和增量配电网，到 2018 年年底，全面完成输配电价改革工作。

（2）扩大电力市场交易。

积极推动电力市场体系建设；配合政府部门有序扩大电力市场化交易规模，丰富市场交易品种；推动电价市场化改革，还原电能商品属性。2018 年，南方电网通过落实一般工商业电价降低 10%、扩大电力市场化交易、延伸业扩投资界面等诸多举措，切实降低了客户用电成本，让实体经济轻装上阵，让众多企业拥有了切实的获得感。其中，全面实现一般工商业电价降低 10%，用电成本降低 223 亿元；将业扩投资延伸至客户红线，累计延伸投资（减少客户成本）136 亿元。

（3）加强成本费用管控。

2018 年，南方电网配合政府大力实施电网收费清理、降低一般工商业电价及电力市场化交易等多项措施，降低用户用电成本 180 亿元。在满足公司战略布局和发展目标的投资需求的前提下，进一步强化资产负债率管控，在投融资安排、资产盘活、成本控制、“两金”压减、增加盈利等方面多下功夫，将公司整体资产负债率控制在 60.5%以内。

3．补短板

重在助力打好脱贫攻坚战，加快实施新一轮农网改造升级，补设施落后短板；提升供电服务质量，补电力供应质量和服务短板；加强城市配网改造、引导释放电力需求、实施创新驱动战略，补技术装备落后、创新能力不足短板；坚持清洁低碳发展，建设“3C 绿色电网”，补清洁低碳节能环保短板，大力拓展竞争业务、实施“一带一路”倡议，补竞争性业务和“走出去”短板。结合公司自身发展与规划，“补短板”的具体方法如下。

（1）改造升级农村电网。

加快实施新一轮农村电网改造升级，公司将在“十三五”期间投资 1300 亿元，解决农村用电瓶颈及低电压、动力电问题，释放农村电力需求，实施电力行业扶贫。

（2）提升供电服务水平。

到 2020 年，公司全口径客户平均停电时间低于 12 小时，第三方客户满意度评价进入国际先进行列。

（3）加强城市配网改造。

以提高供电可靠性为抓手，全面提升城市供电质量；到 2020 年，中心城区客户平均停电时间低于 1 小时。

（4）引导释放电力需求。

加快电锅炉、热泵、电蓄冷空调、电窑炉、船舶岸电、电磁厨房、电动汽车、机场桥载设备、电制茶/电烤烟 9 个领域的电能替代；“十三五”电动汽车充电基础设施总体投资规模超 30 亿元，加快支持电动汽车发展；到 2020 年，电能占终端能源消费比重提高 2～3 个百分点。

（5）实施创新驱动战略。

大力推进管理创新、技术创新、服务创新、商业模式创新和职工创新。

（6）坚持清洁低碳发展。

充分发挥电网企业对于发电侧、用户侧的引导与带动作用；促进清洁能源发展；积极引导用户有效节能，推动需求侧电能使用效率提升。

（7）建设“3C 绿色电网”。

深入贯彻最严环保保护制度，建设健全环保风险防控体系，实行绿色规划设计、环保施工运行；最大限度降低电网建设和运行对环境的影响，保护绿水青山。

（8）大力拓展竞争业务。

公平参与售电市场竞争；大力拓展综合能源业务；创新拓展金融业务；积极探索“互联网+能源”新业态。

（9）实施“一带一路”倡议。

充分发挥南方电网毗邻港澳和湄公河次区域的区位优势，拓展周边国家和地区的电力市场，稳定现有市场份额，开拓新的业务增长点。

1.3.3　认真谋划统筹抓好 34 项改革试点，带动企业内部全面深化改革

公司坚决贯彻落实党中央、国务院决策部署，认真落实“六个突出抓好”的重点任务，全面深化改革，加快建设具有全球竞争力的世界一流企业。在具体做法上，实施双向联动试点，认真谋划统筹抓好 34 项改革试点，聚焦重点难点，大力推进现代企业制度建设、深化三项制度改革、提升内部管理水平、激发创新活力，加快推动所属 3 家“双百企业”实施综合性改革，带动企业内部全面深化改革。

1．双向联动试点，探索基层经验

按照国企改革“1+N”政策体系及“十项改革试点”有关工作要求，由集团公司“自上而下”选择具备条件的基层企业推进改革试点。同时，充分发挥基层首创精神，由各基层企业结合自身实际情况“自下而上”研究提出个性化、差异化的试点任务申请。2017—2018 年，累计选定 15 家分/子公司开展了 34 项改革试点任务。通过试点的改革探索，有效激发了广大干部职工真心认同改革、主动参与改革的热情。总结形成丰富的基层改革经验，编制出版《新时代南方电网国企改革探索与实践试点案例集》，推动经验交流和成果

应用。

2. 聚焦重点难点，集中攻坚突破

一是围绕优化治理，推进现代企业制度建设。南方电网能源公司试点建立健全以《公司章程》为核心的企业制度体系，编制公司治理运作规则 18 项；云南电网公司试点运用多指标综合评价理论（MOCE）建立央企法治水平衡量评价指标体系，加快建设现代国有企业制度；贵州电网公司试点数字化审计模式与审计资源整合，提升审计监督效能。二是围绕强化激励，深化三项制度改革。广西电网公司、鼎和保险公司积极试点“混合型薪酬策略”和强化绩效考核结果应用；南方电网能源公司和广州供电局全面试点推动从“个别职业经理人试点”向“整体实施职业经理人制度”转变，南方电网能源公司实现了本部和二、三级单位经营班子 41 名高管全体起立转型为职业经理人。三是围绕供电主业，提升内部管理水平。广东电网公司创新供电服务管理模式，优化营商环境，试点建设南方电力现货市场并在全国首家投入运营，有效降低客户用电成本；深圳供电局积极试点优化资产管理，推进关键业务协同，编制 376 份业务指引，有效降低企业生产成本。四是围绕效率提升，激发创新活力。海南电网公司试点推进检修业务集约化管理，大幅提高检修效率；深圳供电局试点“线上+线下”双轮驱动科技创新，搭建开放共享“双创”资源平台，建立科技创新人才引进、使用、培养及激励机制。

3. 实施“双百行动”，培育改革尖兵

按照国企改革“双百行动”工作要求，加快推动所属 3 家“双百企业”实施综合性改革。一是加强组织领导。印发《南方电网深入推进国企改革“双百行动”实施方案》，成立协调小组和政策研究、加强党建等 6 个改革工作组，协调解决重大问题。二是强化工作保障。明确了加大政策支持、合理授权放权等 10 项重点工作任务，全方位支持“双百企业”在重要领域和关键环节率先取得实质性突破；提出落实改革责任、建立信息沟通机制等 6 项保障措施，确保综合性改革取得实效。三是融合推进“双百行动”。全面推进前期各项改革试点与“双百行动”的“思路融合、方法融合、经验融合”，3 家“双百企业”把承担的 10 项试点任务融入“双百行动”综合改革方案，统筹协同推进。

1.3.4　开展混合所有制改革，打造全国首家增量配电混改“前海模式”

南方电网积极稳妥开展混合所有制改革，建立组织协调体系，依法合规推进深圳前海蛇口自贸区供电公司从资本层面的“混”向机制层面的“改”转变，立足国际领先，通过一系列扎实的举措，打造全国首家增量配电混改“前海模式”。通过深化改革，公司为南方五省区经济社会全面发展做出了积极贡献。

1．建立组织协调体系，依法合规推进改革

2015 年 11 月，深圳前海蛇口自贸区供电公司（以下简称前海公司）正式挂牌成立，成为全国首家增量配电混合所有制供电企业。为深入推进资本层面的“混”向机制层面的“改”转变，南方电网在集团层面成立混改试点工作协调小组，下设完善治理强化激励、产权资产电价、智能电网和运营模式 4 个改革研究组，建立前海公司工作月度例会机制，统筹协调推进各项工作。在试点过程中，严格遵守相关法律法规和公司章程，规范履行党委会、股东会、董事会等决策程序和资产评估程序，确保改革过程规范有序、公开透明。

2．立足国际领先，打造“前海模式”

南方电网为打造“前海模式”，实现国际领先的战略目标，将改革措施分为 5 点：一是建立有效制衡的公司治理结构。在股权结构上，任何一方股东不直接或间接持有公司 50%以上股权，任何单一股东不能形成对公司的实际控制。制定《三会组织工作业务指导书》，完善信息披露制度，推动科学决策、规范行权。二是明确世界一流的发展战略和模式。立足国际领先水平编制《前海公司改革发展纲要》，形成 36 项举措、144 项行动计划，推动前海公司高质量发展。编制《前海世界一流智能电网规划》，远景供电可靠率目标达 99.9995%，年平均停电时间小于 2.5 分钟，达到国际顶尖水平。三是建立健全市场化激励约束机制。构建“4 大类别 11 个序列”的岗位体系，差异化设计高级管理人员、职能线员工及业务线员工的薪酬激励机制，提高经营业绩在考核体系中的权重，分 6 档拉开考核结果差距，并相应拉开工资差距，同级之间工资差距最高可达 1.6 倍。四是加大授权放权力度。对前海公司采取战略型管控模式，推动授权放权，落实董事会对高级管理人员的任免权，对经营计划、投资方案、内部机构设置、激励约束机制等重大事项的决定权。建立前海公司重要经营决策事项清单，明晰权责界面，维护经理层的经营自主权。五是切实加强党的领导。设立前海公司党委，在公司章程中明确党组织在公司法人治理结构中的法定地位，把党组织研究讨论作为董事会、经理层决策重大问题的前置程序，充分发挥党委领导作用。经过持续努力，前海公司在现代企业公司治理、世界一流智能电网建设、综合能源服务业务拓展、运营服务模式创新等方面取得了积极成效，服务质量明显提升。2018 年，前海居民业务办理平均工作日时长降至 1.96 天，大幅低于国家能源局规定的 7 天标准，客户平均停电时间 5.25 分钟，达到世界领先水平，有力支撑了深圳前海自贸区的经济社会发展和粤港澳大湾区建设。

1.3.5 搭建客户服务的多媒体服务渠道

客户对多媒体渠道的需求日益旺盛、日益复杂的业务场景，对南方电网的客户服务提出了更高的服务要求。实时实地为客户提供高质量的服务，就要求整个服务渠道全面布局，侧重发展，快速交互，实时传递，形成强有力的服务渠道能力。电力服务多媒体渠道的建设思路主要分为渠道线上化、渠道媒体化、渠道黏性化。

1. 渠道线上化

渠道线上化，顾名思义，就是重新布局增加基于互联网技术的顾客服务渠道，同时将以前传统的话务热线渠道、线下营业厅、自助终端等部分功能上线到互联网，以期实现渠道的多元化和便利性。根据南方电网的实际业务需求，有效开展线上业务，实现渠道线上化的主要措施如下：

（1）优化渠道结构，增强渠道黏性。

目前为 95598 选取 App、微信、QQ、百度、网上营业厅作为渠道线上化的主要对象，这样布局有利于优化补充渠道结构，充分发挥互联网渠道成本低、速度快的优势，同时拓展线上服务触点，完善之前线下渠道无法触及的业务功能，以满足客户最主流的需求，实现渠道黏性的增加。

拓展线上触点入口：拓展 App、微信、QQ、百度等在线服务入口，在这些线上服务触点，广东电网 95598 客户服务中心统一服务品牌、统一客户权限、统一服务功能、统一后台管理，客户通过同一个账号在任一电网公司电子服务渠道得到同一种服务体验，真正做到“多点支撑，服务全省”。

丰富渠道自助承载能力：在所有线上渠道，针对原有线下业务功能进行丰富完善，同时基于线上渠道的特性，创建新的交互话术、交互介质、交互要求及途径。针对原有被动的客户服务，结合现在的先进技术手段和管理经验加持，模拟算法，主动进取，全面实现场景化主动服务。

（2）实施服务牵引，强化人工分流。

在整个广东电网 95598 客户服务中心的各渠道倡导建立漏斗式服务，针对不同电力业务，采取不同渠道承接，以便达到最佳服务体验，提高客户整体服务满意度。具体来讲是将传统热线服务迁移至互联网服务，将人工服务迁移至自助、互助、机器人等低成本服务，不同业务渠道处理策略不同。

针对电力查询、交易、办理类业务：业务入口从互联网自助（网上营业厅、掌上营业厅、微厅、Q 厅）接入，经过处理后转接到热线自助和职能导航 IVR，以上都无法解决时，接入热线人工服务，整个过程全力提升自助服务的服务体验，同时也减少重复标准类服务对人工话务的干扰，大大减少人工话务量，提升整体运营效率。

针对电力服务投诉类业务：投诉业务作为最影响客户感知的服务类型，一直以来都是服务中心最关注的方面，广东电网 95598 客户服务中心，针对此类业务采取人工热线为主，互联网服务渠道为辅的策略，实现互联网服务手段补强，加强牵引。

针对电力咨询、辅导类业务：咨询辅导类业务更多应该归类到知识类业务，按照常理拥有强大的知识库和搜索引擎即可解决此类问题，广东电网 95598 客户中心，以开放的知识库承接业务，筛选完毕后自动进入热线人工，最后以在线客服和职能机器人作为闭环手段。整个环节的目的在于提升广东电网人工智能水平，引导用户使用智能化和互助的服务。

2. 渠道媒体化

渠道媒体化即利用独特的载体，在人群聚集的特定场所进行信息传播的一种媒体形式。随着信息技术日趋成熟，传媒领域正处于巨变期，主要表现为舆论生态、传播模式和传播格局的变革。南方电网作为国民经济重要支柱的国有企业，如何在当前环境下尽快适应新媒体的特点，强化互联网思维，坚持传统媒体和新兴媒体优势互补，已经成为企业迫切需要研究的新课题。在对南方电网媒体发展现状和所面临挑战进行分析，借鉴互联网企业和传媒领域改革经验后，南方电网从平台建设、品牌传播、运营模式等方面提出战略部署。现阶段南方电网实现渠道媒体化的重要举措如下：

（1）整合传播矩阵、做强品牌影响力。

广东电网 95598 客户服务中心在客服集约化运营和移动互联网急速发展的背景下，催生电网服务呈现出“新三化”，即：用户网名化，网络商业化、服务集约化。针对新形势，远程服务渠道全面推进媒体化运作。以整合传播的视角充分发挥自有渠道传播潜力，打造广东电网的新媒体传播矩阵，做强品牌传播能力，实现成本的节约和传播效率的提升。

广东电网服务传播矩阵，主要由供电微博、供电微信号，合作朋友圈三大部分组成。

供电微博：广东地市的供电微博、南方电网微博、供电媒体微博，实现从上到下、从整体到局部的全方位、大范围品牌信息传播通路。

供电微信号：广东电网微信公众号，南方电网微信公众号，与微博不同，其传播途径更加基于熟人网络，有利于口碑和品牌的急速扩展。

合作朋友圈：第三方合作伙伴媒体、供电上、下游企业，运用同业或异业品牌联盟的形式，做大电网客户服务品牌，共享品牌红利。

（2）创新运营模式，提升服务口碑。

创新渠道运营模式，即将传统渠道的通道功能转变成品牌传播的新阵地。这就要求我们深化电力服务的内涵，深刻理解电力服务在客户生活中的切入点，“无孔不入”地传播电网 95598 服务形象。目前，公司创新运营模式的方案主要包含改头换面，改善企业形象；加强内容运营，全面推进电网品牌落地；借助关系媒体，实现品牌优质化提升；整合服务媒体，提升南方电网在行业内的重要影响力。

① 改头换面：通过“大师兄、小师妹”等卡通形象和“多 e 点”服务口号建立广东电网“阳光国企、活力国企、创新国企、责任国企”的企业形象，逐渐取代电网公司以往在人们脑海中的“垄断企业、霸王条款”等不好的企

业形象。

② 内容运营：广东电网客户中心成立自有策划创意小组，打造精品传播活动，策划一系列深入社区、深入一线、深入民心的公益活动，实现品牌活动化、活动品牌化，全面推进电网品牌落地。

③ 关系媒体：开展对外战略合作，全方位布局电网渠道媒体网络，收集电网服务热点事件，同时整合公关智库资源，做到好事积极宣扬、污点事件及时杜绝和处理，实现品牌优质化提升。

④ 服务媒体：积极转变 95598 内容运营形式和互动形式，引入视频直播、智能机器人等多样化服务手段，实现电网服务交互变革，塑造电网品牌专业、高速、趣味性等印象，用科技手段推动服务形象传播，提升行业影响力。

3. 渠道黏性化

所谓渠道黏性化，即利用多种客户服务渠道来增加客户黏性。客户黏性指的是客户对于品牌或产品的忠诚、信任与良性体验等结合起来形成的依赖感和再消费期望值。为了让公司摆脱客户流失困境，南方电网坚持以客户为中心进一步提升优质服务，通过大力打造线上俱乐部、开展粉丝运营、设置消费积分，以及整合跨界资源等措施来实现渠道黏性化，增强客户与南方电网品牌的密切关系。

（1）打造线上俱乐部、开展粉丝运营。

广东电网 95598 客户服务中心秉承俱乐部模式，将以前实体可见的形式变为线上虚拟的俱乐部社区形式。这种形式的转变让客户实现身份的转变，由没关系到弱关系，最后到强关系，之前电网服务的需求方既为需求方又是品牌传播者，即实现客户到粉丝的转变。

广东电网 95598 客户服务中心的线上俱乐部的运营定位是作为电网服务社交互动的兴趣圈、粉丝活动的主入口、享受特权的主渠道、口碑传播的主阵地。按照以往的成功经验，我们应当将电网现有的远程渠道如微厅、掌上营业厅，“广东电网”微信公众号及省内双微矩阵，外部新媒体矩阵等作为整个客户俱乐部社区的渠道载体。

俱乐部运营的关键举措，包含在 3 个重塑中。首先是品牌重塑，所有服务渠道统一名称、统一视觉、统一入口，统一服务标准，最终实现品牌辨识度的提升；其次是电力服务重塑，新增服务内容，开展年度四大主题活动、会员专属福利、O2O 活动、视频直播等服务，抓住粉丝体验；最后口碑重塑，形成俱乐部意见领袖制度，发动粉丝进行电网服务的朋友圈传播，及时反馈服务需求和意见，形成俱乐部良好的互动关系。

（2）差异化积分运用，增加用户黏性。

电网积分是指广东电网公司根据用户使用电网业务的消费额度、在网时间、额外奖励等因素按月计算积分。用户可以将获得的积分用于兑换或消费电网产品与服务，也可用于兑换指定联盟伙伴提供的礼品与服务。

以积分为切入点，打造南方电网客户俱乐部服务体系，提供积分兑换，为客户提供回馈服务、实现客户分级，为客户提供差异化服务、拓展积分应用，扩大电网客户服务内涵、提升顾客感知，有效增强电网客户黏性、消费行为分析，推进电网业务精确化营销。

广东电网 95598 客户服务中心针对电网积分，决定采取差异化的积分运营体系，其中包含两层含义。

① 花积分：主要是积极拓展积分应用场景，增加活动的多样性和趣味性，在整体层面上扩大积分使用途径，满足电网客户的多种需求；在整体扩展的基础上，细分高端和中低端客户，采取有区隔的策略，实现质的提升。

② 赚积分，主要要求集中统筹规划，丰富积分赠送方式，提供多种积分获取的渠道，集合日常电网服务的使用和产品的消费，品牌推广活动的积极参与、传播，促进客户持续消费。另外，积极拓展积分合作资源，引入外部积分，通过积分互换和交叉营销，增加客户积分量，提升客户感知。

（3）整合跨界资源、建立三赢合作策略。

广东电网客户服务中心，主要探索电力—商家共赢的商业模式，整合开发在客户中影响力大、参与门槛低的客户服务活动，打造电网服务生态圈。这种内外资源整合，能够实现当前现实条件下的资源最大化，实现广东电网、商家、客户的三赢。

对广东电网来说，主要是增加客户服务入口，为商家提供客户流量，为客户提供优选性价比产品。

对商家来说，主要是为广东电网提供活动资源，为客户提供商品服务，获得品牌曝光，提高客户流量及订单的转化率。

对客户来说，主要是提升平台运营价值，使客户获得高性价比的产品和服务。

1.4　本章小结

本章主要介绍电力系统供给侧结构性改革的必要性和改革措施。简要分析了电网企业当前发展所遇到的瓶颈问题，面对电力供需矛盾、客户服务形式单一、服务意识不到位、供电服务管理落后和供电服务安全等问题，南方电网实行了以电力系统供给侧结构性改革为中心的一系列改革措施。公司树立了创新、协调、绿色、开放、共享五大发展理念，认真落实“三去一降一补”五大任务，认真谋划统筹抓好 34 项改革试点，积极稳妥开展混合所有制改革，打造全国首家增量配电混改“前海模式”。南方电网大力推进供给侧结构性改革，积极发挥电网在改革中的作用，对于破解电力发展难题、提升发展质量、适应和引领新常态，以及满足经济社会发展对电力服务的需求，具有重要而深远的意义。

参考文献

[1] 薛万磊，徐楠，李江涛. 供给侧结构性改革的电力视角[J]. 中国电力企业管理，2018(19)：51-53.

[2] 刘汉兰. 供电企业电力营销服务质量存在的问题分析及对策[J]. 机电信息，2018(36)：171-172.

[3] 蒋亚林. 新时代我国电力供给侧结构性改革探微[J]. 科学咨询（科技・管理），2017(11)：12-13.

[4] 苏晓霞. 供电企业客户服务当前存在的问题及建议[J]. 科技风，2017(15)：183.

[5] 寇伟. 以供给侧结构性改革助推国家电网高质量发展[J]. 电力设备管理，2019(01)：21-22.

[6] 中国电力报. 世行营商环境报告：中国排名升至第 46 位，获得电力指数跃升至 14 位[EB/OL]. http://k.sina.com.cn/article_2343698037_8bb1fe7500100be9z.html.2018-11-01/2019-03-28.
[7] 国家能源局. 国家能源局发布 2018 年全国电力工业统计数据[EB/OL]. http://www.nea.gov.cn/2019-01/18/c_137754977.htm.2019-01-18/2019-03-28.
[8] 张弛. 完善电力客户服务对供电服务品质的积极影响研究[J]. 中国设备工程，2018(02)：206-207.
[9] 王国瑞. 电力客户服务中心中的多媒体服务渠道建设探讨[J]. 企业改革与管理，2018(03)：199-201.
[10] 陈细英，蓝望. 南方电网 5 年发展成就综述：敢为人先，跨越发展[EB/OL]. shupeidian.bjx.com.cn/news/20171017/855584.shtml.2017-10-17/2019-03-15.
[11] 帅泉. 南方电网印发《关于落实供给侧结构性改革工作的指导意见》重点推进“三去一降一补”[EB/OL]. http://www.csg.cn/xwzx/2016/gsyw/201607/t20160708_139929. html.2016-07-08/2019-03-15.
[12]陈进行. 以五大发展理念引领电力能源企业转型发展[EB/OL]. http://www.qstheory.cn/dukan/qs/2016-03/15/c_1118333716.htm.2016-03-15/2019-03-09.
[13] 黄勇华. 助力污染防治 清洁能源比重持续提升[EB/OL]. http://www.csg.cn/xwzx/2018/gsyw/201901/t20190118_174611.html.2019-01-18/2019-03-15.
[14] 孟振平. 主动作为探索创新以点带面将改革向纵深推进[EB/OL]. http://www.csg.cn/xwzx/2018/gsyw/201901/t20190118_174575.html.2019-01-18/2019-03-15.
[15] 王旭. 对电力行业供给侧结构性改革的理解及研究[J]. 计算机产品与流通，2018(12)：77-78.
[16] 丁宇，张茹茜，徐晶晶，等.“十三五”规划中电力行业供给侧结构性改革的分析和展望[J]. 中国市场，2018(05)：87-88+92.
[17] 李渊. 供给侧结构性改革政策动向解读及对电力行业的影响[J]. 中国战略新兴产业，2018(08)：74.
[18] 国家发展改革委. 关于深入推进供给侧结构性改革做好新形势下电力需求侧管理工作的通知[J]. 电力需求侧管理，2017，19(06)：54-58.

[19] 张晓强，陈妍，景春梅，等.“十三五”时期推进我国能源供给侧结构性改革的建议[J]. 全球化，2017(04)：5-17+133.
[20] 中国产业信息网. 2018 年中国全社会用电量及电力需求情况分析预测[EB/OL]. http://www.chyxx.com/industry/201804/632710.html.2018-04-20/2019-03-28.

第2章

电力企业供电服务的新形势

2.1 市场竞争主体多元化趋势明显

自我国由计划经济转变为市场经济后，我国社会经济高速发展，人民生活水平日益提高，在生产生活过程中对电力的需求也与日俱增。电力市场在政府的主导下逐步与国际接轨，试点售电侧放开，逐步走向开放的市场竞争形势。

20 世纪末期，我国电力行业开始市场化改革，电力企业在市场的发展过程中受到更加严格的规章制度约束和政府监管。1985 年，中央开始对电力投资管理体制和价格体制进行初次改革，即国务院《关于鼓励集资办电和实行多种电价的暂时规定》(国发〔1985〕72 号)。自此，电力建设由国家统一建设改为鼓励地方、部门和企业集资建设；电力投资由国家财政拨款逐步改为银行贷款；统一电价改为部分电力多种电价。本次改革从体制上冲破了发电环节的垄断，为“厂网分开”打下基础。1996 年，政府开启“政企分开”的电力管理体制改革。1998 年，电力部撤销，其政府管理职能移交国家经贸委，行业管理职能移交中国电力联合会，成立国家电力公司，同时开展“厂网分开、竞价上网”的改革试点，并颁布了《电力法》。该法明确规定：“供电企业和批准的供电营业区向用户供电，一个供电营业区内只设立一个供电营业机构，供电营业机构持《供电营业许可证》向工商部门申请领取营业执照方可营业。”该法的出台为非中央财政资金投资电厂的资本权利和经济权利等问题提出了法律依据，极大地调动了地方政府、企业和外资等多种所有制资金参与电力建设的积极性。

2002 年，国务院发布《电力体制改革方案的通知》（国发〔2002〕5 号）拉开电力市场化改革的序幕，实现了厂网分开、主辅分离，促进了我国电力市场和国民经济快速发展。至此，形成了以国家电网公司、中国南方电网、五大发电集团和四大电力辅业集团为主体的电力市场格局。随后 2005 年颁布的《上网电价挂历暂行办法》《输配电价管理暂行办法》和《销售电价管理暂行办法》又构成了我国现行电价的体制框架。

2015 年 3 月 15 日，中共中央、国务院正式出台了《关于进一步深化电力体制改革的若干意见》（中发〔2015〕9 号）；同年 11 月 30 日，发改委《关于推进售电侧改革的实施意见》落地，新一轮电力体制改革正式拉开了帷幕。本轮电力体制改革的架构设计为管住中间，放开两头。电力体制改革的总体思路是构建有效竞争的市场结构和市场体系，形成主要由市场决定能源价格的机制，转变政府对能源的监管方式，建立健全能源法治体系。进行电力体制改革对我国的经济发展，以及能源安全有重要的作用，国家相关部门明确提出要求，相关企业应当有序地推进电力体制改革，在电价及电力交易体制上进行创新，引入市场力量，改变原有的供电模式。

《关于推进售电侧改革的实施意见》指出，向社会资本开放售电业务，多途径培养售电侧市场竞争主体，有利于更多用户拥有选择权，能够提升售电服务质量和用户用能水平。通过逐步放开售电业务，进一步引入竞争，完善电力市场运行机制，充分发挥市场在资源配置中的决定性作用，鼓励越来越多的市场主体参与售电市场。电力改革内容具体包括建立开放有序的电力市场竞争体制，积极开展试点工作，并逐步完善推广；建立相对独立的电力交易部门，利用新技术提供电力服务，制定可执行性强的长远交易机制；明确市场的主体，对交易的合同签订及具体的供电过程进行监督，建立信用评价体系，保证供电市场的正常运行。配电方面的业务逐步向社会资本开放，以混合所有制的方式进行开发，促进售电网络的发展，提高企业的运营效率。建立符合实际情况的市场机制，售电的主体需要具备节能、环保、安全及技术条件。供电企业应当积极履行自身的义务，为其他的售电主体提供维修计量方面的服务。提倡建立不同资本联合成立的售电主体，从电力部门购买电力或者通过集中竞价的方式进行销售。

根据中发〔2015〕9 号文和《关于推进售电侧改革的实施意见》，电网公司、发电公司及其他社会资本均可投资成立售电公司，电网企业、售电公司及用户都是售电侧市场主体。其中，售电公司部分又分为电网企业的售电公司、拥有配电网运营权的售电公司和独立售电公司。拥有分布式电源的用户，供水、供气、供热等公共服务行业，节能服务公司等均可从事市场化售电业务。个人也可以投资成立售电公司，只要符合售电公司准入条件即可。电网企业承担其供电营业区保底供电服务，在保障电网安全和不影响其他用户正常供电的前提下，可通过市场参与竞争性售电业务。电网企业按规定向交易主体收取输配电费用，代国家收取政府性基金；按照交易中心出具的结算依据，承担市场主体的电费结算责任，保障交易电费资金安全。有机构预计，整个售电领域将产生万亿级市场空间。以国家电网的电力交易中心为例，截至 2017 年 12 月底，国家电网公司经营区域内各电力交易中心共注册市场成员 55746 家，其中，发电企业 27161 家，电力用户 26317 家，售电公司 2233 家。2017 年，市场化交易电量突破一万亿，达到 12095 亿千瓦时，市场化交易电量占比达到 31.2%，释放改革红利 295 亿元。

市场力量的引入和市场竞争主体的多元化，使得电力行业原有的市场格局发生变化，也给电力企业的运营和发展带来巨大挑战。

输配电价改革促使电价竞争加剧。在原有业务模式下，电网企业盈利模式的收益为“购售电价差”。销售电价由购电成本、输配电损耗、输配电价及政府性基金 4 个部分构成，实行政府定价，统一政策，分级管理；计价方式包括单一制电度电价和两部制电价两种方式。在新监管模式下，管制业务“准许成本加合理收益”的盈利模式，改变了以往通过购售价差获取收益的方式，发电、售电价格高低与电网收入无关，售电主体或电力用户按照接入的电压等级支付相应的输配电价。通俗来说，供电企业的营业收入不再是通过向电厂购电后卖给用户赚取的差价，而是通过收取输配电价获得电力的“过路费”。可见，供电企业的营业收入明显下降。虽然新的盈利方式能够保证供电企业的合理收益，但更易受外界经济形势和市场化交易的影响，因售电增幅放缓，实际准许收入与核定准许收入偏差增加，导致盈利下滑。以南方五省为例，2018 年南方五省全社会用电量为 11628 亿千瓦时，同比增长 8.3%；其中，五省区省内市场化交易电量为 3380 亿千瓦时，市场化占比为 26.1%，用电企业降低成本 285 亿元，即售电收入减少 285 亿元。随着市场化交易力度的加强，销售侧到户电价还将进一步下降，供电企业凭借原有盈利模式的利润空间将进一步被压缩。

电力交易机构的改造使供电企业在电力市场中的地位弱化。2016 年上半年，国家电网成立的 27 家电力交易中心均为国网独资。2016 年下半年，电力交易中心由国家电网独资的模式被打破，由国家发改委批复的多地的试点方案均要求现有的电力交易中心进行股份制改造，以市场化为主导，组建相对独立的电力交易中心。电力交易机构的组建和规范运行为电力市场的有序开放及“多买多卖”市场格局的形成创造了必要条件，有效提高了电力市场的竞争公平性。电网企业在电力市场中的核心地位有所下降，电网企业的角色在电力交易中会逐步弱化。电网企业未来可能会淡化盈利目的，转型为公用事业公司，为供需双方提供无差别的输配电服务。而且，地方电网公司将摆脱不公平竞争地位，拥有更多的自主经营权，可通过扩大经营区域或通过电力交易中心向发电厂采购电量给电网缴纳过网费以扩大盈利。

售电侧改革进一步打破了供电企业的垄断地位。2016 年 10 月 11 日，国家发改委、能源局发布了《售电公司准入与退出管理办法》《有序放开配电网业务管理办法》两大文件，对目前电力体制改革过程中的售电主体和市场监督、配电网业务范围与基本原则做出了解释，提出将有序放开配电网，鼓励社会资本积极投资；对电网公司、发电企业开展售电业务与配电网业务做出了一定的限制。售电侧放开，引入多元化售电主体参与到售电业务中，将释放 5 万多亿度售电市场活力，为社会资本带来重大投资机遇。两大文件的发布使得电网企业的垄断能力大幅受限，将有效推动整个改革进程。增量配电网放开在真正意义上触及了电网的核心利益，削弱了电网在行业中的垄断地位，配电网运营收益将由电网企业转移至配电网投资主体。未来多买多卖的售电市场格局如图 2-1 所示。

根据售电公司的背景和资源优势，可以将售电公司进一步分为以下几类：第一类是发电企业成立的售电公司；第二类是电网企业成立的售电公司；第三类是运营增量配电网的售电公司，包括已存在的独立地方电网及工业园区等；第四类是其他与电力、能源相关的售电公司；第五类是社会资本成立的跨界售电公司；第六类是轻资产售电公司。

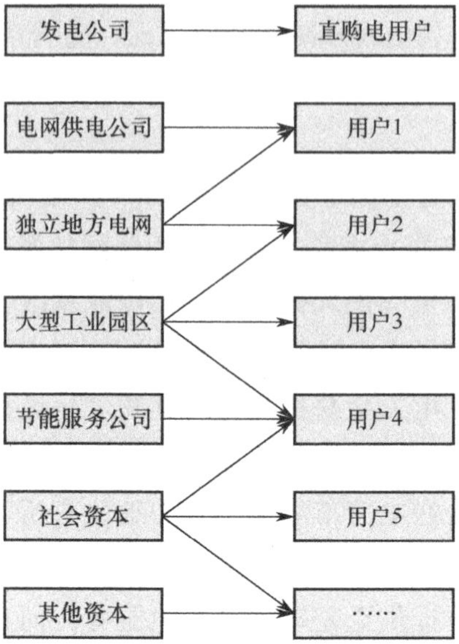

图 2-1　未来多买多卖的售电市场格局

发电企业成立售电公司，销售自己发出的电，具有明显的价格优势，也符合电力改革的市场预期。近年来，经济增速放缓使得电力过剩问题凸显，在节能减排改造、电价调整、利用小时数下降等因素的作用下，电力行业尤其是火电行业面临更加激烈的竞争，发电企业成立售电公司既有利于改善当前的困境，又有利于中长期战略布局。华能、华电、国电等大型发电企业及地方发电企业，在新一轮电改初期便开始对进军售电市场进行探索与布局，并陆续成立了售电公司。目前成功完成交易的售电公司，例如华润电力（广东）销售有限公司、肇庆大旺电力热力有限公司，都有发电企业的背景。

我国的电网企业主要由国家电网公司和中国南方电网有限责任公司两家国有企业构成。9 号文中明确提出，电网企业承担其供电营业区保底供电服务的企业，履行确保居民、农业、重要公用事业和公益性服务等用电的基本责任。此后出台的“两个办法”在原则上允许电网公司参与竞争性售电市场，但出于对市场公平、市场主体培育等方面的考虑，规定的部分条款对电网公司售电进行了一定限制。当前电网企业已经开始布局售电市场，南方电网成立了南方电网综合能源有限公司，并且进入了广东第三批售电公司名单，在省级层面，贵州、云南、广西、海南电网成立了电网独资的售电公司。国家电网也已经开始筹备成立独立的售电公司，在省级层面，山东、山西、甘肃、江西电网等成立了电网独资的售电公司。由于前期的电改文件对电网公司售电的态度不明朗，电网公司进入售电市场相对较晚，截至 2017 年年底，除南方电网综合能源服务有限公司外，其他电网公司成立的售电公司还没有实际开展交易。

2016 年 11 月，国家发展改革委、国家能源局《关于规范开展增量配电业务改革试点的通知》下发，确定了第一批 105 个增量配电业务改革试点项目。园区用户集中度高，配网范围清晰，用能方式多元化，社会资本相对容易进入，是当前增量配电业务试点的主要方向之一。园区配售电公司拥有配电网运营权，一方面要开展电力营销业务，另一方面要做好配电网运维业务，还需承担配电网络区域内的保底供电，其收入包括售电收入和配电收入。当前成立的园区配售电公司多数为混合所有制，以最先成立并成功参与交易的深圳前海蛇口供电公司为例，在其构成中，南方电网深圳供电局有限公司占股 41%，招商局地产控股股份有限公司占股 36%，中广核集团深圳能之汇投资有限公司占股 10%，云南文山电力股份有限公司占股 8%，深圳市前海开发投资控股有限公司占股 5%。我国现有 347 家国家级工业园，1167 家省级工业园，一些具备条件但没有进入首批试点的工业园也在为后期配售电业务进行准备。除园区配售电公司外，还有一些独立的地方电网，在电改前就一直承担着地方供电业务，电改后也可以被认定为增量配电网。这些地方电网除资产独立、发输电独立、调度独立外，有的还拥有相对独立的定价权。地方电网大多采用厂网一体的经营模式，一方面利用地方资源优势，以区域内水电、火电等为电源点，另一方面利用区域内的自有配电网络给用户供电，在自身电力供应不足的情况下，也可以趸售的形式通过联络线从电网公司购入电力。其他与电力、能源相关的售电公司除了直接拥有发电、电网资源的售电公司，还有一些售电公司是由其他一些与电力或者能源相关的企业成立的，例如，节能服务企业、电气设备制造企业及从事供水、供气、供热等公共服务行业的企业。这些企业有的本身就是能源分销商，在综合能源服务方面具有很强的实力，有的具有设备和技术优势，在开展增值服务方面具有技术优势和客户优势，还有的可以依托水网、热网、天然气网等将业务向售电领域延伸。从当前的实际情况来看，深电能售电有限公司、科陆售电有限公司、新奥能源销售公司等许多公司都成功进行了售电交易。

售电市场开放为跨行业融合与多元化发展提供了机遇，一些本身业务与电力无关的企业也成立了售电公司。这类跨界售电公司在电力专业方面的基础虽然比较薄弱，但可以将其他领域的运营优势运用于售电，特别是互联网类、金融类、保险类企业，本身已经拥有完善的销售渠道、成熟的互联网大数据支撑技术、高效的资本运作模式，以及稳定的客户群体，一旦进入售电市场便可以结合自身优势迅速铺开业务、扩大利润，还可以将产品和售电进行捆绑销售，在开拓售电市场的同时促进自身业务进一步发展。除了上述实力较强的跨界公司，改革初期还有一些轻资产售电公司，通过代理用户参加交易，赚取买卖电的差价盈利。这些公司虽然可以在初期竞争中以价格优势拉拢用户，但随着市场竞争趋于激烈，价格逐渐透明化，这种单靠赚取价差的发展模式不具备可持续性，这些售电公司未来要么通过收购、合作等方式向其他类型的售电公司发展，要么被市场淘汰。

总而言之，新形势下供电企业的市场竞争加剧，供电企业不再一家独大，电网公司、售电公司、其他社会资本用户、电网公司旗下的售电公司、拥有配网运营权的售电公司、独立个体的售电公司等将共同竞争，共同分享供电市场的“蛋糕”。企业只有围绕“客户需求”加强电力市场分析，开展运营模式的创新研究和实践，发挥自身优势，为电力客户提供快捷、流畅、愉悦又兼具个性化的服务，才能赢得客户信任，抢占更多客户资源，提高市场占有率，实现企业与客户的双赢。

2.2 电力服务渠道建设日益丰富

在“互联网+”新态势和电力改革的形势之下，售电市场初具规模，电力市场竞争主体多元化的趋势日益明显，这给传统供电企业的发展带来了巨大的挑战。为了获得更长远的发展，提升品牌形象，在激烈的市场竞争中脱颖而出，提升企业的供电服务质量显得尤为重要。服务渠道是连接服务项目和客户的桥梁，只有通过服务渠道，企业才能将服务项目快速准确地交付给客户，服务渠道的畅通性和便捷性直接影响了服务质量的高低，构建完善的服务渠道已成为供电企业提高市场竞争力和美誉度，以及提升用户满意度的重要手段。

电力产品不同于一般消费用品，属于公共产品，具有相对单一、即产即用、弱感知性等特点，所以供电企业构建服务渠道需要考虑普惠性、便利性和数据获得全面性等需求。普惠性，即对社会上所有需要电力服务的主体（个人、家庭或组织）提供均等化的服务，这意味着渠道的覆盖面一定要广，以地方供电企业为例，即要覆盖其所在城市的全部行政区域和所有电力用户。便利性，即电力服务要易获得，用户是否能够就近、随时通过渠道获得服务，是社会发展对供电企业渠道建设的重要需求。数据获得全面性，即希望收集完整、全面的用户行为数据，来辅助企业进行服务和决策。

2.2.1　传统服务渠道仍将扮演重要角色

传统的电力企业服务渠道以实体渠道和电信渠道为主。实体渠道也称为本地服务渠道，具有固定的空间场所、规定的营业服务时间，配有相应的服务人员，用户需要到达规定现场才能获得服务，主要包括供电营业厅、社会化代收点和自助终端等。营业厅是实体渠道中的主体，覆盖营销服务的全功能，有专业人员提供现场的业务办理和服务。在营业厅的基础上，用户可通过工作人员适时引导使用自助终端，进行缴费、查询、打印账单等自助操作。除营业厅以外，供电企业还根据实时情况回应用户，到用户现场提供服务。借助社会代收点，方便用户就近缴纳电费，同时通过社区的服务平台，提供用电服务指南和知识小窗，开展用电服务的宣传引导工作。实体渠道最大的优点是功能全面、互动性强，不仅可办理复杂业务，并且可进行主动性营销，但是其缺点在于用户获取服务的时间和空间受限，从而导致用户获取服务的成本较高，电力企业的建设成本、管理成本也很高，且服务终端数量有限。由于面对面办理业务具有安全体验感，现场服务交互的便利及办事效率较高等因素，实体渠道在今后相当长的时间内将继续扮演重要角色。

电信渠道是指电力公司基于电话网络而开通的服务渠道，具体承载是 95598 服务热线。95598 服务热线是全国电力系统公用的客服电话，主要负责提供当地供电服务和电力政策的解释，便于用户了解电费电量、停电情况、欠费提醒、故障报修、投诉举报等信息。电话作为一种便捷的交流方式，具有同步反馈、沟通清晰、效率高、费用低等优点，但是只局限于答复类的被动信息回复，直接办事功能有限。与实体渠道相比，电信渠道在空间和时间上不受限、服务面广，但是互动感、体验感相对较弱。据调研发现，虽然互联网已经越来越普及，传统电信渠道服务占比下降，但是在当前及未来一段时间内，电信渠道仍将是公众客户最习惯和最喜欢的与服务机构打交道的方式。

2.2.2 电子服务渠道快速发展，多渠道统一运营管理势在必行

随着国内外的服务业市场竞争愈演愈烈，客户对服务便捷性、个性化、综合性等需求进一步提升。同时，互联网的迅速发展，也对供电服务提出了新的需求。电子服务渠道作为互联网时代快速发展的新渠道，为电力服务注入了新活力，已成为供电企业提升服务质量的效率的有效手段。

电子服务渠道是供电企业基于互联网开通的在线营销服务渠道，主要分为企业自有电子渠道和第三方合作电子渠道两类。目前，南方电网开通的自有电子服务渠道有网上营业厅、“南方电网”服务 App 等，第三方合作电子渠道如“南方电网 95598”微信号和小程序、“南方电网 95598”支付宝生活号等。电子服务渠道可以打破空间和时间的限制，用户可随时随地申请并获取服务（除了必要的现场服务），用户的获得感、操控感强。渠道的覆盖面广，联网即可获取服务，相比于实体渠道，建设、运维成本较低。用户行为在线化，收集数据更加便利。具体来说，电子服务渠道具有以下几点优势：

（1）提高供电服务“客户自助”服务水平。通过电子渠道为用户提供 7×24 小时的用电服务，可有效分流营业厅和 95598 客服的压力。

（2）加快公司电费资金回笼速度。通过电子渠道，用户只需动动手指即可轻松完成缴费，免去往返营业厅、银行的工作量，提升用户体验。

（3）降低公司经营成本。电子渠道的大规模应用可有效降低电力公司内部管理及人员资源成本，降低人工服务比例，减少不必要的内部消耗和沟通成本，实现提质增效。

（4）规范业务管理流程。可加强公司集中管控力度，进一步提升公司供电服务的标准化水平。

各类电子服务渠道的主要目标客户及承载服务种类存在一定的差异。网上营业厅的定位是一站式多位一体的服务渠道，其客户群主要是居民及规模较小的非居民客户，承载的业务属于核心用电业务的办理和受理与个性化增值服务的部分拓展，网上营业厅是业务办理和服务推广的主要渠道。南方电

网的网上营业厅作为南方电网营销系统的外围延伸，对营销系统核心档案、业务员办理、客服管理进行了全方位支撑。南方电网一期构建的网上营业厅采用全网统一版本，分别在网公司总部及各省级分/子公司集中部署。其中，网公司总部部署网上营业厅主要提供分/子公司网上营业厅入口；分/子公司独立部署网上营业厅，构建网上虚拟营业窗口，将服务延伸到客户的家庭和办公室，为客户提供综合查询、业务知识、业务申请、业务办理、VIP 客户专栏等服务。

掌上营业厅的定位是以信息沟通、互动体验、品牌宣传为基础的移动用电服务助手，其客户群是居民客户，承载的业务属常用核心业务的办理和受理，以及信息查询、通知、宣传等。南方电网的掌上营业厅应用并非全网统一应用，广东电网、广州供电局、深圳供电局和贵州电网皆有掌上营业厅，其他单位暂无掌上营业厅应用；且单位的掌上营业厅都是基于各单位原营销管理系统建设的，业务范围相似但不相同。

微信公众号的定位是提供简单的用电服务，传递品牌价值，其客户群是新兴社交媒体应用人群，承载业务属于电费查缴、常见问题解答、活动推送等基本服务。微博企业号的定位以企业信息通知、品牌宣传互动为主，其客户群为所有类型的客户，是企业对外宣传互动的窗口。

虽然多个电子服务渠道的建设使得服务渠道日益丰富，但是由于一些因素，供电企业服务渠道的认知程度、质量提升、运维管理方面仍存在很多问题。首先，我国大部分供电企业采用的是多个电子渠道独立建设和运行的方式，所使用的信息渠道也彼此独立，不同的信息渠道之间没有形成交集，缺乏联合的优化设计和信息交互。在实际使用过程中，无法实现电力服务信息的共享，致使渠道间业务处理和信息共享效率低下，极易引发信息孤岛，从而对电力服务质量产生不利影响。其次，线上与线下的渠道之间也是割裂的，虽然相对于单一的实体渠道来说，渠道更加丰富，但是渠道分散运营、消费者数据与业务收据互不相通，团队各自为政，服务水准不同，不仅增加了企业内部成本，而且让消费者由于切换渠道过程受阻产生不悦的消费体验。另外，少数供电企业未根据人们的使用要求和时代的发展对服务渠道给予科学、合理的维护和优化，后期无法保障各渠道间对外信息的一致性，在对各渠道的信息进行维护和更新之时，也会产生非常巨大的工作量，造成巨大的人力物力消耗。随着科学技术水平的迅速提高，当前电子服务渠道更新换代速度很快，需要大量的运营人员对渠道进行维护，但是很多工作人员的能力无法满足维护工作的实际要求，导致维护工作的质量不高，阻碍了渠道的发展和提高。随着电子服务渠道发展的多元化，渠道间内部结构演变极其复杂，多个服务渠道的共同建设将会为管理工作增添很大难度。如图 2-2 所示为电力企业多服务渠道体系。

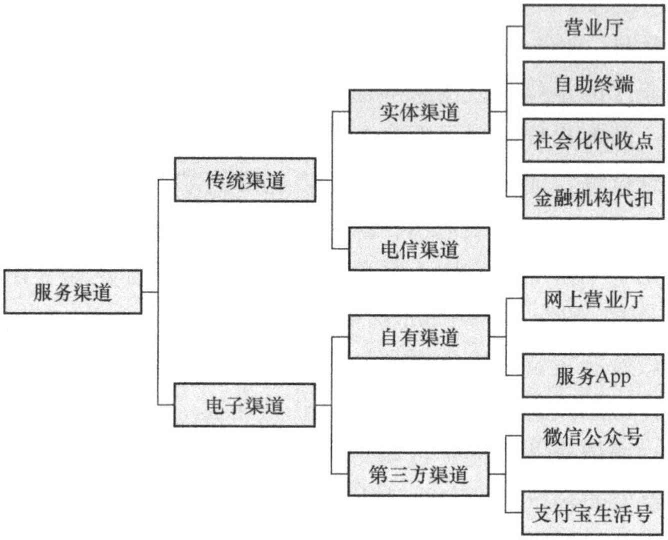

图 2-2　电力企业多服务渠道体系

电力企业在未来的发展过程中，要从自身的实际情况出发，对电子服务渠道进行拓展，并对其进行统一的运营管理。这样不仅能够实现各服务渠道之间信息的协同和共享，为电力企业提供相对完整的用户数据信息，还可以为电力企业的决策提供参考和借鉴，使渠道的整体服务效率得到有效提升，更好地满足电力用户的基本需求。以南方电网为例，南方电网按照“统一服务品牌、统一客户权限、统一服务功能、统一后台管理”的原则，整合优化了网、省两级网上营业厅、微信公众号，建成了行业领先的互联网统一服务平台。目前，平台包括网上营业厅、“南方电网”服务 App、“南方电网 95598”微信号和小程序、“南方电网 95598”支付宝生活号 5 个渠道，具备电费查缴、业务办理、故障抢修、电价信息、咨询投诉等九大项功能。截至 2018 年年底，互联网统一服务平台注册客户数突破 3 千万人，受理办电业务 286 万宗，占全渠道的 70%。其中，互联网缴费占全渠道的 19%，仅次于银行划扣。腾讯公司还将“南方电网 95598”微信小程序作为运营标杆案例，与全国公共服务行业进行分享。

除了对电子服务渠道进行统一运营管理，将电子渠道与实体渠道打通，使二者互为补充、相互结合，形成多层次、立体化的“全渠道”服务营销渠道体系，也已成为创建企业渠道结构的主流趋势。全渠道作为新的渠道结构发展趋势,其产生背景与 O2O 电子商务在我国的发展密不可分。O2O 即 Online To Offline（从线上到线下），其概念是在 2011 年 8 月由 Alex Rampell 提出的，该模式的核心是将线下的商务机会和服务与互联网平台结合，让互联网成为线下交易的平台。2011 年 11 月，O2O 电子商务引入我国后，我国众多企业开始借助 O2O 改善和重构现有商务模式。随着 O2O 模式的本地化和移动设备的完善与普及，目前 O2O 的概念已经超出 Alex RamPell 的“线上到线下”定义，增加了 3 个新的方向：“线下到线上”（Offline to Online）；“线上—线下—线上”（Online to Offline to Online），即消费者在线上支付并预订产品或服务，到线下实体店享受服务或取货，再到线上发表评论，比如在线预约或团购服务；“线下—线上—线下”（Offline to Online to Offline），如苏宁、国美的家电产品。这 3 个方向主要认为 O2O 电子商务应该包括两层意义，即从线上到线下和从线下到线上，O2O 电子商务实际上也是生活消费移动互联网化的过程，主要针对生活消费服务领域。继“互联网+”概念被提出后，2015 年 5 月，商务部制定发布了《“互联网+流通”行动计划》，目的在于加快互联网与流通产业的深度融合，推动流通产业转型升级，提高流通效率，创新服务民生方式，努力打造新的经济增长点，培育新产业，释放消费潜力。《“互联网+流通”行动计划》的主要任务是，在电子商务进农村、电子商务进中小城市、电子商务进社区、线上线下融合互动、跨境电子商务等领域打造安全高效、统一开放、竞争有序的流通产业升级版，实现流通方式的不断创新、流通效率的大幅提升及流通环境的进一步完善。信息技术和网络技术的高速发展，使 O2O 电子商务消费者在信息搜集、比较、下订单、付款、取货接货、使用咨询、售后评论等环节，都有许多渠道可供选择和使用。这种消费习惯与消费期望会在行业之间进行迁移，O2O 电商消费者在日常的产品服务消费外，期望政府、医院等公共事业单位也能提供类似的线上线下融合的全渠道结构服务。用户期待的供电企业能够提供多种渠道之间的无缝衔接的服务成为现实。

构建多层次、立体化的“全渠道”服务营销渠道体系，首先要设置各种形态渠道，涵盖电力用户的所有服务获得渠道类型。同时，通过后台的集约化管理，实现不同形态渠道之间的数据协同、服务协同、组织协同；通过用户渠道偏好预测，对各渠道进行实时监测，以便做到依据用户的偏好实现对渠道的动态调整。全渠道结构要能实现用户在渠道之间的自由切换，同时享受无差别的服务，要实现渠道整合的最优化，就必须通过集约化管理，实现渠道之间的数据协同、服务协同和组织协同。数据协同管理旨在实现平台数据标准统一、数据质量管理、数据挖掘支持、数据安全管控。供电企业要在数据集成的基础上，根据数据规划建立统一的基础数据平台，对内、外部数据进行整合，主要整合营销基础数据（用户服务系统、用电信息采集系统、营销业务系统等），非营销基础数据（SAP、PMS、SCADA、电能质量采集系统等）和第三方数据（国家统计局、征信机构、互联网平台）这 3 个模块的数据。服务协同是在数据协同的基础上，实现各渠道之间的业务流程整合，以真正做到让用户在办理业务的时候，能够随时随地依据自身需要切换到不同的渠道，依然能享受到标准统一、连贯流畅的服务。为了服务协同，供电企业可设置营业业务中心这一部门，把它建设成为贯通线上和线下业务直通、互通的中枢，营业业务中心实现统一业务调度、统一业务跟踪、同城异地业务办理等功能，高效开展业务审核、办理、调度、跟踪、分析 5 项运营职能。在全渠道结构下，所有渠道的业务人员和管理人员都要在一个管理组织架构下，由一个部门负责统一组织和规划。各业务部门之间、业务部门与第三方单位之间也要加强联系，这样才能保障各渠道反映的一致性和可控性。供电企业可根据实际情况，构建营销部、客服中心、供电公司、第三方供应商等不同部门、单位之间的立体管理体系。其中，营销部作为全渠道管理的归口部门，主要负责全渠道建设和运营的总体把控。客服中心作为网络渠道和电信渠道的执行单位，是电子渠道的主要支撑机构。各供电公司作为各渠道属地化业务的实际办理机构，是实体渠道和相关业务的具体执行单位。第三方单位主要为各渠道，特别是电子渠道，提供技术支撑，根据营销部的建设规划，结合客服中心和供电公司实际运营中遇到的问题，对相应的功能等进行研发、更新和维护。全渠道中的多个渠道并不是固定不变的，还需依据用户的偏好进行一定的调整，包括渠道功能的调整、渠道定位的调整、渠道投入的调整等。供电企业可利用大数据分析技术，整合用户的各业务办理次数、用电行为数据等多样化数据，分析和预测用户的渠道偏好变化，从而制订相应的渠道策略，对渠道结构进行适应化调整。

总而言之，随着电力服务渠道的建设日益丰富，电力企业要想更好地提高供电服务质量，就需要对服务渠道不断进行优化和整合，实现统一的运营管理。

2.3 新能源、新技术、新产业

互联网技术和可再生能源的融合推动了第三次工业革命的到来，云计算、物联网、移动互联网、语音识别等新技术逐渐趋于成熟。“互联网+”“电力大数据”等新技术的发展及应用为企业供电服务带来新的探索方向。

2.3.1 “互联网+”智慧能源

我国是能源消耗大国，在国家经济发展建设过程中能源消耗量巨大、能源紧缺一直是现阶段社会发展中存在的重要问题。对供电企业来说，电能生产满足不了社会需求也是一个重要问题，该问题可通过能源建设开发得到良好解决。长久以来，我国电力企业主要依靠火力发电。煤电能源的过度使用，导致电煤价格持续高位，成本大幅增加，环境污染严重，严重影响电力企业的可持续发展。习近平总书记在党的十九大报告中明确指出要坚持全面深化改革，“互联网+”时代我国电力发展市场化、国际化、清洁化、智能化是大势所趋。

为了减少传统能源对环境的污染，我国大力推进新能源（风能、水能、潮汐能、太阳能、核能等）建设，减少化石能源的使用。经过十多年的发展，我国新能源产业已走在世界前列。在过去十年中，风电综合成本降低了 70%，光伏发电成本降低了 80%。2017 年，光伏第一次超过了煤电、核电，成为全球最大的新增电力装机品种。国际能源署预测，到 2030 年，光伏将逐渐成为最便宜的发电方式。电力系统是为电能的产生、输送、分配与应用而构建的人工系统，其发展已历经百年，但方向一直是建造更大的电站、更强壮的电网，以及实现更高的发电效率和更低的输电损耗，传统电力系统在技术方面已臻于极致。随着新能源规模的快速扩张，由于布局不合理、输配电设施建设滞后等，导致新能源发展出现了并网难、设备利用率低、能源浪费、安全事故频发等问题，亟须改善。

2015 年年初，国务院印发《关于积极推进“互联网+”行动的指导意见》，提出了 11 项行动，“互联网+”智慧能源是其中之一。“互联网+”智慧能源行动，即通过互联网促进能源系统扁平化，推进能源生产与消费模式革命，提高能源利用效率，推动节能减排；加强分布式能源网络建设，提高可再生能源占比，促进能源利用结构优化；加快发电设施、用电设施和电网智能化改造，提高电力系统的安全性、稳定性和可靠性。其中，建设分布式能源网络的内涵是建设以风能、太阳能等可再生能源为主体的多能源协调互补的能源互联网。能源互联网是互联网技术精神与能源系统深度融合的产物，是推动能源革命的重要支点，也是未来一段时间内我国能源领域工作的重点。

与此同时，社会各界力量积极行动。在能源电力行业，出现了能源互联网热潮：能源局启动了十余项研究课题，组织电网公司、高等院校、研究机构等，就能源互联网的形态、商业模式、政策和机制基础、技术和标准开展研究；清华大学成立了能源互联网创新研究院，积极参与其中，大力宣传能源局域网、能源碎片化等思想理念，对能源局等决策层产生了一定的影响；BAT 等互联网巨头积极部署，正在挺进能源电力行业；多个相关的产业联盟也已形成。

“互联网+”智慧能源包含能源行业主动或被动地被互联网改造的含义。由于智慧能源以发展可再生能源、清洁能源替代化石能源为主要目的，而风、光等清洁能源的大规模开发利用是通过发电完成的，随着社会的发展，能源消费逐步演变为以电力消费为主。因此，以电力系统为主的能源生产消费系统成为“互联网+”智慧能源最主要的组成。

在“互联网+”智慧能源背景下，电力营销将出现如下的演变趋势。

新的市场竞争模式将逐步涌现。在互联网领域被广泛应用的“长尾理论”，将在电力零售营销中被更多的市场参与者积极采纳，形成基于用户流量资源的竞争模式，利用互联网的低成本、高速度，高效聚集原本被传统电力公司忽略的广大零散、低价值用户的商业价值。具备行业专家及资源整合能力的公司，将逐步采用基于生态系统的平台型竞争模式来有效避开价格成本式竞争，以平台催生新的服务及收入来源。具有雄厚资源实力的企业，将积极整合企业其他方面的优势，形成协同效应，以增强针对某一市场的竞争力。

终端用户更加注重能源服务体验。“数字化”“互联化”“分布式”是未来电力用户的普通期望。终端用户不再仅满足于被动式的电力供给，希望借助数字化技术开展精细化的用电管理，获得更好的用电服务体验。同时，在绿色地球理念的倡导与政策鼓励下，终端用户将在用电决策中考虑使用更多的绿色能源。

以能效服务、需求响应为代表的后售电市场正成为电力行业新的发展热点。随着诸多新市场参与者的加入，在传统售电业务外，不断催生新的功能与服务，而能源互联网发展将显著提高电网企业、发电企业、售电企业、用户、微电网等市场参与者之间的互联，推动“立体、联动”的需求响应发展。

2.3.2　互联网新技术的发展和运用

“互联网+”是创新 2.0 下的互联网发展新形态、新业态，是知识社会创新 2.0 推动下的互联网形态演进。利用信息通信技术及互联网平台，将各行各业在互联网中交集、碰撞、融合，开发新的运作模式，创造新的发展形势。在此形态中，互联网充分发挥其优势互补、强强联手的特点，将包容性、主动性、创新性、信息化的特点完美体现出来。早在 2015 年 3 月 5 日十二届全国人大三次会议上，李克强总理在政府工作报告中就提出“互联网+”行动计划。李克强总理指出，制定“互联网+”计划，不断推进现代制造业与移动互联网、物联网、云计算及移动大数据相结合，促进互联网金融业、工业互联网等健康发展。2015 年 7 月 4 日，国务院印发《国务院关于积极推进“互联网+”行动的指导意见》。可以看到，移动互联网、云计算、大数据、物联网是“互联网+”环境下最核心的新技术领域，互联互通是相关新技术应用最显著的外在表现。

截至 2018 年 6 月，我国互联网覆盖客户已达 8.02 亿人，互联网普及率为 57.7%，为发展“互联网+电力营销”提供了广阔空间。“互联网+”在商业模式创新、服务模式创新、满足客户体验方面积累了大量的成功经验，大数据、云计算、物联网等互联网技术和理念，为电网企业拓展缴费渠道、提升营销策划，实施精准营销提供了解决方案。

1. 云计算

云计算是分布式计算、并行计算、网络存储、虚拟化、负载均衡等传统计算机与先进网络技术充分融合发展后的产物。云计算突破了传统的将数据计算分布在本地计算机和远程服务器的运行模式，能够将数据分布在多个分布式计算机上，并使云计算数据中心能够按照互联网的运行模式运行，进而使用户能够根据自己的需求访问所需要的计算机和数据库。云计算可以突破常规计算机的局限，有效操控本地计算机和远程服务器，具有很强的可扩展性。

目前，电力信息化建设的步伐正在逐步加快，由于云计算具有计算与存储能力强大、计算与存储的虚拟化、经济性与可扩展性较强的特点，因此云计算在电力信息化建设中的优势明显。云计算能提高电网运行的稳定性，充分发挥电网技术应用优势。云计算的适当应用，能够实现资源合理配置这一目标，避免出现资源配置、资源使用矛盾等现象，对业务承载力有推动作用。创建电力系统云计算平台，能够将现有闲置的存储资源与计算资源进行充分融合，并通过强大的存储与计算能力，为电力企业数据计算与处理提供有力支撑，从而减少计算机设备的成本投入。同时，云计算还能简化电力企业 IT 服务管理流程，使 IT 管理人员彻底摆脱以往繁杂、重复的 IT 管理工作，大大提高了 IT 管理人员的工作效率。相比以往的 IT 管理模式，云计算表现出了明显的优势，例如，可支持异构计算、具备较高的可靠性、灵活可扩展、有效提高资源利用率等。云计算按部署模式可分为公有云、私有云及混合云。其中，从安全性原则考虑，私有云是最符合电力企业要求的云服务。对电力企业而言，经过多年的信息化建设实践经验，通常会选择多种技术与设备相结合的方式来满足企业不同的业务需求。通过大规模私有云平台的构建，电力企业 IT 管理人员避免了对繁杂程序的配置，其可通过不同终端实现对电力系统的实时监测与有效分析。

云计算是一项前沿技术，对于电力信息化建设具有十分重要的作用。因此，电力企业要在国家电网“三集五大”改革指导方针的推动下，加快云计算建设的步伐，全面提升电力信息化建设和管理水平，实现电力企业的健康和可持续发展。

2. 大数据

随着科学技术的快速发展，电子信息技术的发展和应用速度大幅提升，各种数据以几何级数增长，大数据技术成为信息技术发展的核心热点。大数据，指在互联网基础上，对传统数据库中的各项信息数据进行处理，对数据传播方式、传播速度及传播范围提出的要求比较高。随着信息化建设不断推进，各类信息系统得到广泛应用，电力系统在实际运行中会接收到各种信息数据，在对这些信息数据进行处理的过程中，不仅要做好数据的收集和储存，还要做好数据的分析和提取，以便为获取有效信息提供保证。

我国的电力行业属于垄断型企业，电力企业数据量众多是该行业的一个明显特点。在大数据技术广泛应用的过程中，电力行业可以结合一些先进的大数据技术，对电力行业的数据进行更新和统计，深入挖掘电力系统的数据资源，提高工作效率。电力大数据以智能电网为出发点，在其运行期间涉及各环节的数据信息，如发电环节、电能输送环节，无论是智能表信息，还是传感器信息，均能被电力大数据统一管理。由于电力大数据操作程序较烦琐，工作难度较大，但它又是影响企业决策、企业行为的重要依据，只有高效利用数据，才能发挥大数据应用价值。以美国 Opower 公司为例，Opower 公司为电力公司提供行为型节能潜力分析和决策服务。Opower6 平台首先通过数据集成，清洗整合来自电力公司的居民用户用电数据以及来自第三方的住宅区域信息、天气信息等数据；之后利用 Hadoop 及 Hbase 等技术存储多达 5200 万户居民和企业信息来建立 Opower 用户数据仓库，且该数据在以 1 亿条/年的速度增长；然后通过 Opower6 平台强大的运算分析能力，为电力公司提供用电群体分类、负荷曲线识别、账单预测与电表健康状态评估，建立家庭能耗档案和电器能耗成本曲线；最后通过多种通知手段，包括移动端等向不同类型的用户推送能源账单、节能贴士，提供定制化的用能管理及节能建议。

在大数据背景下，企业做决策更多依赖数据分析结果而非工作经验，因此，对数据分析的精准性及效率的要求也相应提高。目前已有越来越多的供电企业开始顺应时代潮流，利用大数据辅助企业的营销管理工作，但是其对大数据的利用程度相对较弱，供电企业还是应该提高数据挖掘能力，开辟更多如适合精准营销的用电管家、家庭电医生等增值服务。

3. 物联网

物联网技术作为 21 世纪新流行的技术理念得到了全球的广泛关注。Matthias Kranzzait 曾对物联网技术做了明确定义：物联网技术是通过采用射频识别（RFID）、全球定位系统无线传感器等信息传感设备，将任意物品与互联网相连，从而实现物与物、人与物之间的信息互通。从本质上来看，物联网的核心和基础仍然是互联网，是在互联网基础上延伸和扩展的网络，但其用户端进一步延伸和扩展到了任何物品与物品之间进行信息交换和通信，它通过智能芯片及无线传输网对信息进行处理和传送，按照约定的通信协议，将传感网、通信网和互联网连接为一体，进行信息交换和通信，从而实现对物品的智能化识别、定位、跟踪、监控和管理等各项功能。

在物联网发展浪潮下涌现的智能互联产品，实现了从单纯的物理组件向结合了处理器、传感器、软件和数字用户界面的复杂系统的演变。物与物相连的实质是信息数据的管理，这为创造全新的价值形式、延伸扩展产品功能奠定了基础，进而为客户和消费者提供更满意的服务和解决方案。物联网的体系结构包括 3 个层次，即感知层、网络层、应用层。感知层的主要功能是通过 RFID 电子标签、传感器、二维码等技术获取物体的信息；网络层的主要功能是通过各种接入设备与移动通信网和互联网相连，将感知数据和控制信息进行双向传递；应用层的主要功能是利用系统对感知数据进行分析处理，通过可操作性界面为用户提供相关业务应用。应用层是物联网发展的目的，感知层是物联网发展的基础，网络层是物联网发展的通道。如图 2-3 所示为物联网体系架构图。

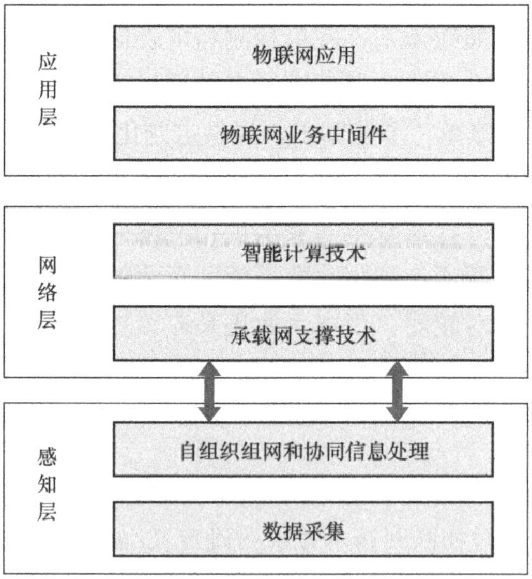

图 2-3　物联网体系架构图

积极拥抱物联网能够为能源电力企业带来诸多收益。例如，依托物联网对整个电力设备的生命周期进行追踪和控制，利用平台保障数据在整个企业跨部门之间的有效贯通，实现对不同类型设备的智能监控、故障诊断、状态运维。开展预测性数据分析，以确定可能的设备或零部件故障，从而制订预防性维护计划，缩短设备宕机时间，实现平稳运营。此外，可以不断积累大数据进行机器学习，进一步向上溯源，指导前期设备选型，实现从资产的开发到维护和使用等全过程的数字化，形成资产管理的闭环。

“互联网+”环境下信息传递加快，电力企业的服务意识理念也要不断更新。电力企业需要不断学习和吸收“互联网”云计算、大数据、物联网等新技术的优点，加以改善并运用在电力营销和电力服务的过程中，满足用户的各种需求。

2.3.3　综合能源生态服务体系逐渐形成

伴随“新电改”的深入推进和新型电力产业的飞速发展，将不断形成以综合能源衍生市场和电力交易市场为载体、以客户为中心，多元主体共同参与的综合能源服务生态体系。供电业务的上游承载着供给端，涉及发电、输配电与分布式等；下游则承接着各类客户，如工商业、园区与居民。供电企业将以海量数据为基础，充分利用云平台，以满足用户多元化的能源诉求，更具针对性地为其制订科学的综合能源处理方案，以降低电能成本，并实现节能减排。今后，电力企业的比拼并不单单体现在电力销售方面，而是涉及全方位的综合能源服务的大比拼。

综合能源服务是由新技术产生、新能源崛起导致的产业结构改革，从而衍生出新的商业模式、服务方式和新业态。综合能源服务的具体特征是综合、共享、高效、互联和友好。其中，综合指集成化，主要涉及能源供给品种、服务方式和解决方案的综合化；共享指通过信息系统、综合能源管理平台、能源输送网络，实现价值流、人员流和信息流的互动和交换；高效指通过优化配置来高效利用能源，改变原本的传统工程模式，直接服务于用户；互联指同类型或不同类型能源之间的互联及各种信息资料的互联，通常以混搭或跨界的组合方式出现；友好指不同的能源供应和不同的供给方式，以及用户之间的友好互动，可以整合电力、燃气和水务等。综合能源服务有力地支撑了可再生能源的规模化开发，并极大提升了能源的有效利用率。

在“新电改”的背景下，综合能源市场的催生是具有必然性的。

综合能源市场的催生是绿色、低碳发展的必然要求。在全球范围内，绿色发展和低碳发展已成为一种共识。绿色低碳发展的关键在于推动能源革命。国际经验证明，通往现代化的必由之路并非高碳发展，而是低碳发展。从国内外发展的经验可知，能源革命的推动和低碳的发展势在必行。综合能源市场的催生是绿色环保的必然要求，综合、共享、高效、互联和友好的综合能源服务能推动能源革命，实现绿色发展和循环发展，继而开创环境保护和社会进步协调发展的大好局面。

综合能源市场的催生是应用能源互联网技术的必然产物。当前，能源供应模式已由原本的单一模式向多元化发展，并涌现出了多种模式，如分布式、集中式、微电网和户用式等。随着储能技术、信息技术、清洁能源发电技术、新能源发电技术的日渐成熟与发展，能源互联网在技术上愈加成熟，并发展为一种必然。云计算、大数据、物联网均属于信息技术的范围，它们一同支撑着能源的高效互联和相关用户的友好交互。在此过程中，伴随着数字信息技术和能源互联网技术的高度整合、纵向网络、能源和储存的深度结合与横向多能互补的结合，极大地推动了国家能源格局的变迁，使综合能源发展成为一种必然趋势，从而催生了综合能源服务市场。伴随着需求网络的不断拓展和“互联网+”能源供给的优化，传统电力企业转型为综合能源服务运营商成为一种必然趋势。

综合能源服务市场的催生是电力企业落实市场化改革的必然选择。“新电改”的目标是还原电力的商品属性，建立有序竞争、统一开放的新兴电力市场体系。电力企业转型为综合能源服务商，并未改变电网企业和发电企业的定位，只是改变了其服务模式，将其服务进行外延。例如，就电网企业来说，在实施“新电改”之前，输配售环节全权由电网企业负责。销售模式是由发电企业将电销售给电网企业，再由其向用户销售。“新电改”之后，输配和销售环节相互独立，由政府核定输配这一环节的电价，也就是凭政府的垄断优势进行规制。电网企业转型为综合能源服务企业后，本质上与其自然属性无关，只是在“新电改”之后，参与国家开放的竞争业务部分环节的可选择性更多。在“大能源”“大资源”的观念下，电网企业不断拓展新业务，经营多种能源，不断致力于为用户提供稳定、高效、便捷的清洁能源供应及解决方案。

开拓综合能源服务，具体包括综合能效管理、合同能源管理、风光储等可再生能源供应、分布式能源服务等。在电改新形势下，用户对服务质量的要求更高，除基本的用电需求外，也会提出更多元化的用电需求，电力企业能否满足将对客户的服务体验产生很大影响。因此除传统的供电服务外，对于原来没有的业务，电力企业应尽快开展市场调研，如确有需求则应设立相关业务部门，以提供相应服务。确保跟上用户的步伐，第一时间为用户提供全面、快捷、高质量的服务。

在综合能源服务市场逐渐形成的背景下，电力企业应该牢牢抓住机遇，科学定位自身，不断创新企业发展模式，不断革新电力企业的管理模式和战略模式。改革传统的电力企业，使之转变为新型综合能源服务商，从而实现电力企业的专业化、市场化、现代化和国际化发展。

2.4　优质客户服务需求逐步提升

供电服务是电力企业中的重要项目，同时对电力企业的发展起到了积极作用。在供电服务的改进过程中，要时刻秉承“人民电业为人民”的理念，切实为客户提供优质的服务，从客户角度出发，为客户利益着想，满足客户对电力优质服务的期望。发挥用户主权作用，实现客户从“用上电”到“用好电”的转变，从而使企业的形象和信用得到提升，增强企业的市场竞争力。

2.4.1　差异化的特色服务需求

随着我国经济的持续发展，各行各业对于电力资源的需求逐步增加，对于供电企业服务的需求呈现出个性化及多样化特征，期待特色服务的差异化。

产品差异指同一种产品在质量、用途、款式、包装、附加服务等方面的差别。形成产品差别的原因可能是客观存在的实际差异，也可能是消费者主观判断形成的差异。产品差异化的竞争价值在于：一是能够抑制同类企业间的不受任何约束的竞争，从而获得经济效益；二是通过强化产品的独特性，降低顾客从别处购买的可能性，使企业保持在该细分市场中的垄断或准垄断地位。未来电力市场的产品差异化竞争将主要表现在产品特性与服务支持两个方面。在产品特性方面，售电企业可通过设计不同类型的独特电能产品打动用电客户，赢得市场。如设计多样化的用电套餐，吸引不同的细分客户群体；将用电套餐、节能家电、家电保险等组合在一起销售给客户，通过电能产品和增值服务的组合销售产生更大的顾客价值和产品差异。服务支持是产品差异化的另一个重要来源，特别是当产品相对成熟，同质化现象严重时，服务支持的重要性也就更为突出。服务支持主要包括营销服务、特色服务、增值服务等方面。营销服务需要售电企业转变被动服务的服务意识，将服务转化为营销手段；特色服务需要售电企业深刻洞察客户，细分客户群体，提供有针对性的差异化服务；增值服务通过对电力产品增加附加服务内容，提升客户对于售电企业的依附力。

长期以来，供电企业虽然在经营中制订了相应的电力销售计划，但在销售过程中仍然只重视售电服务，在新电改的背景下，仍然强调扩张营销目标。在电力销售中，往往没有做到精准的客户研究，对售后服务和增值服务也缺乏前瞻性，难以使客户满意。供电企业需要将客户服务从普遍服务向差异化、个性化、精细化等服务方式转变，为客户提供精准有效的服务内容，提升客户体验及服务效率。做好精准的优质客户服务，包括客户洞察、客户细分、客户价值评估、客户信用度管理、客户挽留等。洞察客户通过掌握客户实际的用电需求，进而帮助客户优化用电方案、改善用电消费行为，最终提升客户用电效率；客户细分通过从客户用电性质、信用度、价值、消费习惯等多个维度进行单条件或者组合条件的细分，构建客户分类模型，为不同客户提供差异化的客户服务；客户价值评估通过企业为客户提供的价值，以及客户为企业提供的价值进行双向评估，为客户的服务方式选择提供输入；客户信用度管理从客户电费预缴情况、客户缴费及时性等方面评估客户信用度，针对客户信用度的不同，提供差异化的客户服务；客户挽留通过信息技术系统智能分析、专家判断等手段，预先分析可能流失的客户并及时采取挽留措施，不断降低客户流失率。

例如，对于客户用电，电力企业可对不同电力消费群体的用电习惯进行分析，确定面向不同消费群体的精细差别电价，有针对性地为用户提供用电建议，帮助其节省用电费用。通过服务及相关奖惩措施，鼓励用户移峰填谷，与电力企业共同维护电网安全稳定运行，如此，既减轻电网运行负担，也可为用户节省用电成本，可谓双赢。另外，对于工业园区、重点项目、大型企业等高价值客户，供电企业要主动出击、积极跟进，及时掌握重点客户的用电需求，为优质客户群体提供个性化的服务，确保高价值客户对供电企业的认可和信任。

总而言之，在新形势下，电力企业必须明确多元化、个性化的优质服务的重要性，确保跟上用户的步伐，第一时间为用户提供全面、快捷、高质量的服务，提升自身的综合效益和核心竞争力。

2.4.2　稳定供电仍是根本需求

对电力企业而言，保证电力供应的安全稳定是其业务核心，是所有服务的基础保障。用户对于稳定供电质量的需求仍是根本需求。

很多用户虽然在意电力价格，但对于供电质量的保证却更为关注，如高精度电子制造企业，其生产过程需要持续稳定的电压供应，一旦电压有较大波动将对其生产线造成难以估量的损失。这类企业的用电量往往很大，电力价格哪怕降低一点点都会节省很多费用，但因为其对供电差错的零容忍性，这类企业会表现出宁可选择贵一点的电力商品，也一定要确保其使用的电能安全稳定的特点。因此，提供高质量的电能是电力企业的核心竞争力，也是“拴住”大用户的关键所在。

为了能为各种类型的用户都提供安全稳定的供电服务，电力企业必须进行科学细致的负荷预测，根据预测情况进行网架运维工作，及时消缺，保证电力供应的万无一失。对于有需求的用户，也可提供分布式电源的建设服务，为用户提供最适用的供电方案，确保用户在用电过程中能够安心、放心。

2.4.3　健全客户服务体系，形成服务闭环

用户不仅对供电服务的前期过程抱有很大期待，对售后等后期过程也抱有很大期待。当前仍然缺乏行之有效的服务体系对电力客户服务进行约束。在实行供电服务的过程中，企业要自行接受客户的检查和监督。

目前，我国很多电力企业已经初步建立了电力客户服务机制，但这一机制还有很多不完善的地方，会给电力企业的客户服务工作带来很大影响。在2016 年客户对供电服务的六大维度满意度评价中，供电安全、服务渠道、电压质量、抄表收费完成较好，用电办理、停电处理分数相对较低，为薄弱环节。经分析，客户问题与客户满意度具有较为明显的关联关系，即客户问题越多的维度，客户满意度得分越低。普遍存在停电通知不到位、不准确、不及时、抢修复电不及时、时间长；业扩办理时间长、流程复杂、资料太多、信息不透明等情况。

电力企业需要积极借鉴传统通信行业的经验和模式，建立自己的客户服务中心，且要提高客户服务中心在电力企业内部的地位，建立其他部门同客户服务中心之间沟通互联的工作机制，加强统一管理，牢牢把握以客户为中心的工作理念。电力企业还需根据自身管理和服务建立一套完善的工作评价机制，借助这一机制来对电力企业在生产和管理服务过程中的各项不足之处进行客观评价，发挥督促和激励的作用，帮助电力企业更好地改善自身客户服务工作。在改进供电服务制度系统时，对供电服务制度、员工行为准则、信息披露制度、问责制度、老客户回访、新客户拓展、监察制度、供电服务流程进行大力改进和监督，积极优化相关流程，提升供电服务的效率和质量。同时，电力企业要切实加强内部评价、社会评价和用户评价等，对自身的客户服务水平形成客观全面的认识，然后有针对性地进行改进和提升。最后，电力企业要建立更加开放和包容的工作机制，自觉接受社会各界和广大电力用户的群体监督，鼓励电力用户举报身边的电力服务不到位的情况，督促电力企业的工作人员严格按照服务内容和规范，不断提升自身服务意识和服务水平。

2.5 本章小结

本章介绍电力企业供电服务面临的新形势，主要从市场、渠道、产业体系和客户需求 4 个方面加以叙述。在我国经济高速发展和“新电改”的大背景下，我国电力市场竞争主体多元化趋势明显，电力企业若想在激烈的市场竞争中脱颖而出，提升企业的供电服务质量尤为重要。我国的电力服务渠道建设日益丰富，需要对多渠道进行统一运营管理，形成多层次、立体化的“全渠道”服务营销渠道体系。同时，新技术、新能源的发展及应用为企业供电服务带来了新方向和新探索，催生了综合能源生态服务产业体系。客户是供电服务的中心，电力企业要坚持“以客为尊，和谐共赢”的客户全方位服务理念，以稳定供电为根本，健全客户服务体系，为客户提供人性化、多元化、差异化的优质服务。

参考文献

[1] 杨荫. 售电侧放开形势下供电企业品牌营销研究[D]. 北京：华北电力大学，2017.

[2] 常小罡. 新形势下电力企业经济发展及策略研究[J]. 中小企业管理与科技（上旬刊），2018(09)：31-32.

[3] 刘斌，吴强，侯斌. 供电企业应对新一轮电力体制改革的探讨[J]. 企业改革与管理，2017(01)：221.

[4] 沈伟庆. 新形势下企业管理的创新策略——以电力企业为例[J]. 中国商论，2018(07)：92-94.

[5] 王勇. 电改形势下的供电服务管理模式探讨[J]. 通讯世界，2018(07)：232-233.

[6] 南方五省区全社会用电量同比增长 8.3%[EB/OL]. http://www.csg.cn/xwzx/2018/gsyw/201901/t20190118_174577.html.

[7] 蔡丽华，黄婷，蔡丽平. 用户电子服务渠道偏好研究与应用[J]. 中国电力企业管理，2018(26)：59-61.

[8] 王菲菲. 远程电力服务渠道的统一运营管理研究[J]. 中国新技术新产品，2018(16)：114-115.

[9] 林志冬. 深圳供电局电子服务渠道客户体验分析及提升研究[D]. 兰州：兰州大学，2018.

[10] 2017 年市场化交易电量突破 1 万亿[EB/OL]. http://www.china-nengyuan.com/ news/122592.html.

[11] 丰丹，黄金. 论“新电改”背景下综合能源服务市场的催生[J]. 人力资源

管理，2018，(03)：311-312.
[12] 齐慧. 电力企业将变身综合能源服务商[N]. 经济日报，2018-10-25(007).
[13] 贾培刚. 面向能源互联网的电力营销服务新模式研究[A]. 中国电力科学研究院. 2017 智能电网发展研讨会论文集[C]. 中国电力科学研究院，2017：5.
[14] 张水平，陈辉，李敏. 基于“云计算”的电力行业 IT 服务管理[J]. 电子技术与软件工程，2018(23)：254-255.
[15] 王华，栗志鹏，陈在廷. 有关云计算在电力信息化建设的应用探索[J]. 电子世界，2019(01)：105.
[16] 宋光伟. 大数据背景下供电企业营销管理创新研究[J]. 中国新技术新产品，2018(20)：137-138.
[17] 李方军，宋曦，赵博，等. 基于电力企业大数据环境下的数据治理[J]. 电子技术与软件工程，2019(02)：141.
[18] 栾昊. 物联网如何助推电力企业转型发展[J]. 能源，2017(06)：78-80.
[19] 赏炜. 基于智能电网的电力通信运维管理的研究[D]. 北京：华北电力大学，2017.

第3章 互联网统一服务平台的总体方案和主要功能

南方电网互联网统一服务平台是南方电网电子服务渠道间互联互通的服务平台，该平台遵循“统一服务品牌、统一客户权限、统一服务功能、统一后台管理”的建设路线，是南方电网加快推进传统用电业务与互联网融合创新，推进“互联网+电力服务”的重要举措。该平台有效解决了网络渠道服务品牌不一致、不同渠道的客户需重复注册和服务功能不一致等问题，为客户提供了统一的服务入口和统一的服务信息。

本章将从五个方面对互联网统一服务平台总体方案及其主要功能进行介绍。第一部分介绍总体方案，统一服务平台的总体方案围绕“四全”展开，即全渠道、全客户、全业务和全数据，主要包括项目目标、项目需求分析和总体方案设计；第二至五部分则分别详细介绍了全渠道、全客户、全业务及全数据管理。

3.1 总体方案

3.1.1 项目目标

随着客户对南方电网优质服务的要求和期望越来越高，南方电网需要建设统一服务平台，实现对掌上营业厅、网上营业厅、微信公众号、支付宝生活号等渠道的统一接入管理及多渠道客户服务功能的建设，在实现与客户零距离沟通与互动的同时，加强对多媒体客户服务的统一监管。

建设互联网统一服务平台，整合“南方电网”掌上营业厅 App、95598 网站和微信公众号，加强微信小程序等的建设，进一步拓展网上营业厅、掌上营业厅、微信公众号等，实现服务渠道在线化、移动化、虚拟化，实现与客户的零距离沟通与互动，最终实现市场营销数字化、服务渠道多媒体化、前后台业务协同化，达到客户对电力优质服务的期望水平。发挥客户主权作用，实现客户从“用上电”到“用好电”的转变。

南方电网将坚持以市场为导向，以客户为中心，以服务为根本，加快打造现代服务体系，营造良好的营商环境。强化公司服务团队建设，全面推行城区营配网格化综合服务，打造全渠道、全客户、全业务和全数据管理的统一服务平台。

3.1.2 项目需求分析

南方电网通过从业务需求、技术需求、实施策略三个方面进行研究，结合前期用户使用服务平台的反馈和市场竞争的具体情况，提出了能够落实一体化成果，保证系统建设质量，实现营销业务全面覆盖、纵向贯通和横向集成，打造互联网统一服务平台的可行性需求分析，具体包括以下几点。

（1）业务需求：主要包括扩展业务功能、升级改造应用版本、增强平台人性化设计以提高用户体验。

（2）技术需求：主要包括加强多渠道的统一接入管理及多渠道客户服务功能的建设，建设统一接入功能，对多渠道进行统一监管调度；建设互联网社区、用户积分运营平台、多渠道二维码应用，打造用户运营体系。

（3）实施策略：主要包括建设规划、实施方法等内容。

3.1.3 总体方案设计

总体来说，电网行业正面临从“话务”运营向“内容”和“信息”运营的转型，呈现技术融合、业务融合、网络融合趋势。结合服务平台业务功能缺失、数据不统一、用户体验差的现状分析，统一服务平台的建设任务主要集中在微信公众号的全网集中改造、掌上营业厅的全网改造和微服务架构的升级。

全业务竞争格局、新市场业务发展方向给南方电网建设统一服务平台带来“四全”挑战，如图 3-1 所示。

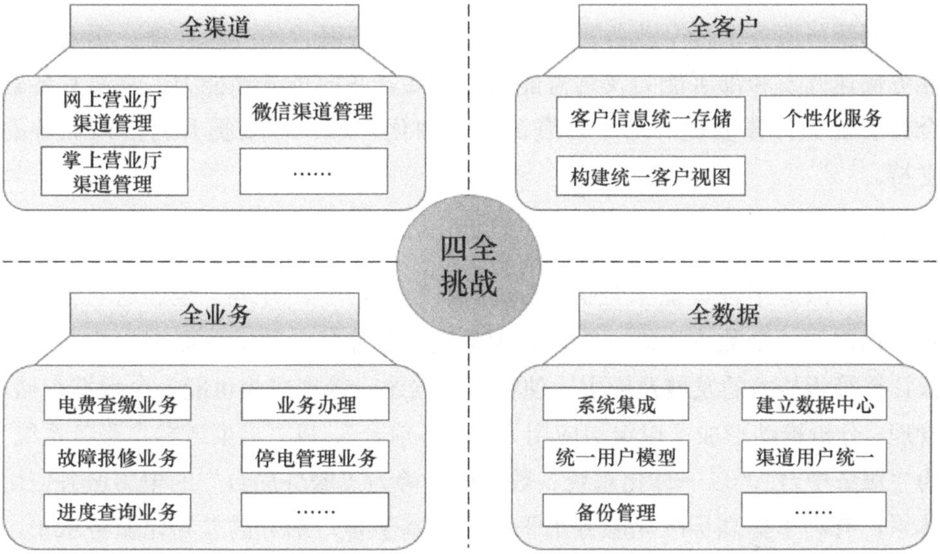

图 3-1　建设统一服务平台的四全挑战

1. 全渠道

基于南方电网的业务发展趋势，传统的网上营业厅、掌上营业厅等多平台的电子渠道已无法满足客户需求，不同电子渠道后台数据的不同步带来了诸多不便。为了快速解决客户问题，提高客户体验，南方电网遵循全渠道的管理模式，搭建“统一接入、统一管理、统一监控”的互联网统一服务平台来打通各电子渠道之间的横向联系和协作。

2. 全客户

未来，全客户呈现个性化需求的趋势，需要不断延伸客户管理、客户分析和客户差异化服务，提升客户满意度。客户可细分化趋势更强，对服务平台的精准化服务要求更高。实现客户信息统一存储，针对不同类型客户提供精细化营销服务；实现各接触点一致的客户体验服务；建立统一客户视图，打通消息壁垒，实现全渠道客户信息共享能力。

3．全业务

在全业务时代，固网宽带、移动网络都只是业务接入手段，业务形态向内容和应用纵深发展，并呈现融合化趋势，对业务支撑系统提出更多要求。互联网统一服务平台全业务管理需要实现全业务融合的产品管理；需要提升业务快速开发和部署能力及运营能力；需要具备服务开通能力；需要具备融合计费能力；需要提升对平台资源的精细化管理；需要提升对全网业务的支持。

4．全数据

统一服务平台具备“全业务”，面向“全客户”，开展“全渠道”服务模式，均需要“全数据”统一管理。大数据、智能化、移动互联网、物联网、云计算等新技术的发展及应用，使得全数据统一管理成为可能。全数据存储、管理、分析推动形成了以渠道应用为“服务前台”，以“全渠道客户服务系统”为“服务中台”，以一体化系统、数据中心等为“服务后台”的电力服务应用体系，有利于提高标准化服务水平，提升基于客户细分的差异化服务水平，改善渠道间服务协同，畅通渠道间数据共享，实现渠道统一管理，支撑电力服务创新，拓展电力服务领域大数据应用。

3.2 全渠道管理

随着客户数量的增加、生活节奏的加快，客户对电力营业厅服务效率的要求越来越高，而电力营业厅的数量有限，营业厅的服务已经不能满足客户的需求。南方电网已经陆续建设了网上、掌上营业厅等多平台的电子渠道。目前这些电子渠道的使用在提升公司服务水平、节约经营成本方面发挥了巨大作用，但不同电子渠道后台之间数据不同步，给运维和客户带来了诸多不便。例如，开发人员需要重复开发系统，运维人员需要运维多个系统，客户必须注册多个账户等；同时也造成了企业服务品牌不一致等问题。

3.2.1　全渠道管理简介

渠道是产品或服务在由提供企业到达消费者的过程中所经历的销售路线或服务环节。全渠道销售模式经历了单渠道、多渠道及跨渠道的发展阶段。

单渠道时代：1990—1999 年，巨型实体店连锁时代到来，多品牌化实体店数量减少，是“砖头加水泥”的实体店铺时代。以单渠道模式经营的企业的困境在于渠道单一，实体店仅覆盖周边的顾客，由于商铺租金上涨，人力成本上升，成本增加而收入没有变化，导致利润微薄，生存岌岌可危。

多渠道时代：2000—2011 年，网上商店时代到来，零售商采取了线上和线下双重渠道，是“鼠标加水泥”的零售时代。多渠道与单渠道相比，路径更丰富，但也面临着瓶颈：渠道分散，需要不同的管理团队，管理成本上升；内部恶性竞争、抢夺资源、团队内耗，造成资源浪费、外部价格不同、促销不同、服务不同，导致顾客体验相差巨大；效率降低，投资回报下降，局面亟须改变。

全渠道时代：从 2012 年开始，企业关注顾客体验，实体店铺地位弱化。是“鼠标加水泥加移动网络”的全渠道零售时代。国内知名的零售研究机构对其含义、成因及对策等进行了研究，结论如下。

（1）全渠道零售是指企业采取尽可能多的零售渠道来进行组合和整合（跨渠道）销售的行为，以满足顾客购物、娱乐和社交的综合体验需求，这些渠道类型包括有形（实体）店铺和无形店铺，以及信息媒体（网站、呼叫中心、社交媒体、E-mail、微博、微信）等。

（2）信息技术进入社交网络和移动网络后，寄生在全渠道上工作和生活的群体推动了全零售渠道的形成，一种信息传递路径就是一种零售渠道。

（3）全渠道零售需要考虑不变的零售业本质（售卖、娱乐和社交）和零售五流（客流、商店流、信息流、资金流和物流）发生的内容变化，随后根据目标顾客和营销定位，进行多渠道组合和策略整合。

3.2.2　全渠道管理内容

南方电网的服务渠道管理包括网上营业厅渠道管理、掌上营业厅渠道管理、支付宝渠道管理、微信渠道管理、自助服务终端渠道管理、信函渠道管理、客户经理认定、服务渠道监控管理、虚拟柜员服务渠道管理、营业厅渠道管理、服务渠道信息管理、95598 热线渠道管理、营业厅用户体验应用和短信渠道管理，如图 3-2 所示。其中，互联网统一服务平台渠道管理涉及“掌上营业厅渠道管理”“网上营业厅渠道管理”“支付宝渠道管理”和“微信渠道管理”四个电子平台渠道。下面将详细介绍互联网统一服务平台的各平台渠道功能。

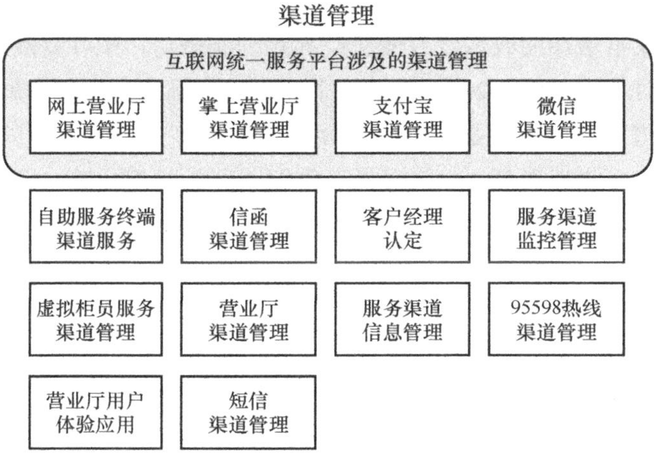

图 3-2　渠道管理结构图

1. 网上营业厅

网上营业厅是最常见的电子渠道之一，用户在无法找到营业厅或者不想出门时可以很便捷地办理业务。网上营业厅包含我的账户、我的电费、我的业务和我要查询四大板块。

（1）“我的账户”包括账户信息、档案信息及绑定管理三个模块。用户通过账户信息模块修改基本账户信息、绑定微信和修改密码；在绑定管理模块中，用户可通过填写用户编号、手机号码、身份证或者营业执照绑定账号，并对绑定信息进行管理。

（2）“我的电费”包括我的电费套餐、账单查询、余额查询、网上缴费、缴费记录查询及模拟电费计算六个模块，提供更改电费套餐、查询账户余额和缴费记录等相关功能。

（3）“我的业务”包括业务办理、故障报修和我的留言三个模块。其中，业务办理模块提供针对居民住宅的业扩新装、增容、更名、改类、移表、销户、更改缴费账户和过户等功能，同时提供针对工商政企客户的高压业扩新装、增容、永久减容、移表、过户、临时性减容、暂停用电、恢复用电、改类、更名、销户、减容恢复、低压业扩新装和批量新装等功能。用户通过故障报修模块可以上报停电故障。若用户有问题需要解决，可以通过我的留言模块留言。

（4）“我要查询”包括停电信息、业务进度、营业网点和用户编号查询四个模块。停电信息模块记录每次停电的具体信息，业务进度模块记录所有工单的状态和详细信息，营业网点模块为用户提供所有营业网点的地址，用户可在用户编号查询模块中根据用电地址、银行账号等信息查询用户编号。

2. 微信公众号

微信公众号是伴随着微信的火热而兴起的一种网络营销方式，具有用户数量庞大等优势。微信公众号包括电费查缴、微信缴费、网点查询、业务办理、通知管理和留言管理六大模块。通过搜索“CSG-95598”或“南方电网 95598”即可关注“南方电网 95598”微信公众号，其提供多项便捷服务。

（1）电费查缴：用户在绑定合同账户后，可查询电费信息及历史用电信息。

（2）微信缴费：用户可通过我的钱包—生活缴费—电费进行电费缴纳。

（3）网点查询：用户可通过网点地图查询全市所有营业网点的地址，公众号还可根据用户的位置推荐最近的营业网点。

（4）业务办理：用户可通过此模块获取相关业务的办理流程，进行业务办理预约，预约后将有工作人员主动跟进后续流程。

（5）通知管理：用户通过此模块可免费订阅短信账单、短信停电通知、电子邮件账单通知。

（6）留言管理：用户在“更多精彩”中选择我要留言，即可进行留言，留言后将有工作人员主动跟进信息。

3. 支付宝生活号

“南方电网 95598”支付宝生活号正式上线，为用户线上办理各类用电业务再添一个新渠道。在这次渠道建设中，南方电网与支付宝深入合作，率先在全国电力行业推出“刷脸”过户服务，深圳市用户只需在该生活号上刷一下脸，不到 1 分钟便可成功办理用电过户业务。该生活号覆盖了电费查缴、故障报修、用电新装与变更等各类用电业务。用户在生活号上缴费后可直接下载电子发票，不需要再往返营业厅打印发票。

4．掌上营业厅

掌上营业厅是可以随身携带的移动厅，在移动设备上就可以办理业务。掌上营业厅包括电费查缴、业务办理、故障报修、停电查询、欠费复电、通知管理、绑定管理、周边服务、电价信息、进度查询、我要吐槽、个人资料、系统设置、账户登录和服务地区等模块。

部分模块的说明如下。

（1）电费查缴：包括账单查询、缴费、余额查询及缴费记录查询四大功能。用户通过账单查询功能可以进行个人电费账单查询；通过缴费功能可以进行在线电费缴纳；通过余额查询功能可以进行个人电费余额查询；通过缴费记录查询功能可以进行个人缴费记录查询。

（2）业务办理：包括用电新装、业务变更、进度查询和地区停电信息查询四大功能。用户通过地区停电信息功能可以进行停电信息查询；用电新装功能支持新装业务和变更业务，支持更名过户、更改缴费账号等的在线直接办理。

（3）故障报修：包括报障和报障记录查询两个功能。用户可以通过报障功能进行故障上报，通过报障记录查询功能查询故障上报进度。

（4）停电查询：包括户号停电信息查询、新增联系人两个功能。用户可通过户号停电信息查询停电信息，通过新增联系人功能在户号下新增联系人信息。

（5）欠费复电：包括欠费复电、新增联系方式、修改联系方式和户号绑定四大功能。用户通过欠费复电功能可以上报欠费复电信息，办理申请恢复用电业务；通过新增联系方式功能可以新增联系方式信息；通过修改联系方式功能可以进行联系方式的修改；通过户号绑定功能可以进行户号与账户绑定关系的建立。

（6）进度查询：包括绑定信息查询、营业厅查询、终端信息查询、电价信息查询、新装工单进度查询、业扩工单进度查询等功能。

（7）我要吐槽：包括发起吐槽和吐槽信息查询功能。用户通过发起吐槽功能可以实现吐槽留言上报功能；通过吐槽信息查询功能可以查询用户吐槽的处理进度。

3.2.3 全渠道管理的重要性和意义

南方电网已基本整合优化实体、远程和社会化三大渠道，初步建成全方位、多层次、立体式的服务渠道体系。然而，在推广远程服务渠道的过程中，其发现存在网络渠道服务品牌不一致、不同渠道客户须重复注册、服务功能不一致和渠道后台管理不共享等问题，且各类网络渠道业务标准不一、服务内容各异，容易造成使用门槛过高的问题，导致服务缺失，因此，整合和优化服务渠道，建设互联网统一服务平台的需求非常迫切。为了更好地适应未来智能电网的行业方向，通过梳理、整合、优化客户服务渠道，南方电网积极推进网络渠道的统一建设，通过建设互联网统一服务平台，支持多种渠道服务无缝对接，推动网络渠道的信息共享和多渠道协同，提供统一服务入口、统一服务信息、统一服务受理、统一客户体验，奠定便捷、快速、优质服务基底。

南方电网搭建的互联网统一服务平台将网上营业厅、掌上营业厅、微信及支付宝等渠道的全线数据打通，同一后台操作实现了各平台业务数据的同步，大大节省了系统维护时间，使南方电网在移动互联时代走在了前沿。对于家庭缴纳电费等不需要审核资料或者用电报装等可上门核实资料的业务服务，客户可以直接通过各类平台的指定业务办理模块，按照指引填写、上传相关资料即可完成。避免了以往客户由于材料准备不齐全，要多次往返营业厅才能完成业务办理的现象，提高了营业厅的办事效率与服务质量。

统一服务平台通过统一服务品牌、统一客户权限、统一服务功能、统一后台管理将多渠道统一起来，增强了企业与客户的黏度，网络渠道使用流程得以规范，渠道便利性、实用性和依存度得以提升，同时也为树立企业形象、提升品牌价值提供展示窗口，增强电力企业与客户的连接性和互动性。逐步实现从业务支撑到业务引领的角色转变，有效加速供电服务与互联网的深度广泛交融，推进“互联网+”电力服务蓬勃发展、欣欣向荣。

3.3 全客户管理

南方电网坚持以客户为中心，将“以客为尊，和谐共赢”的客户全方位服务理念贯穿公司价值链，不断延伸客户管理、客户分析和客户差异化服务，满足客户对电力的优质服务期望，发挥客户主权作用，实现客户从“用上电”到“用好电”转变。全客户管理，即对互联网统一服务平台各渠道的客户进行统一管理。总体来说，推动全客户管理要巩固“纵向统一”成效和“横向联合”协作机制，既能为所有客户提供统一的服务入口、统一的服务信息、统一的服务受理和统一的客户体验，又能依据客户身份及需求的不同进行精细化的营销服务，提高客户满意度。

3.3.1 全客户管理简介

在尚未构建互联网统一服务平台时，用户时常会面对不同渠道重复注册、账户信息无法共享、服务功能不一致等问题，客户信息统一存储是解决这些问题的根本和基石。与各渠道打通的用户信息数据库是海量客户信息存储介质中必不可少的部分。用户信息数据库存储了海量用户相关信息，包含用户基本信息、用户关联关系、用户行为轨迹数据和用户产生内容等。

面对客户多样化、层次化、个性化的服务需求，传统的大众化营销模式面临着难以应对的挑战，取而代之的是以“精准定位”为核心理念的精准营销模式。精准营销强调营销活动的精准定位，以客户为中心，在客户价值生命周期的各阶段，运用各种可利用的营销方式，在恰当的时间、地点，以恰当的价格，通过恰当的渠道，向恰当的顾客提供恰当的产品。精准营销以市场细分为基础，市场细分不仅要按照市场的一般特征划定具体市场，更重要的是按照客户需求特征与行为规律划定目标市场。为了研究客户的需求特征与行为规律，必须对各渠道、各方面、各维度的客户数据进行整合，形成统一的客户视图。

客户视图是指以视图（虚拟表）形式组织的关于客户在特定主题域上的信息集合。统一后的客户信息与客户视图存在紧密联系：统一后的客户信息平台是多个渠道客户信息的全集，而客户视图只是关于客户在特定主题域上的信息集合，前者与后者存在着“一对多”的逻辑关系，统一后的客户信息可对应多个客户视图。就信息范围而言，可以认为客户视图是统一后的客户信息的子集，统一后的客户信息是客户视图的数据源，而客户视图支撑后向的作业活动与分析活动。因此，统一客户视图的概念可归纳为以商业需求为驱动，统一不同渠道、不同系统及不同应用的客户信息，并对客户信息的访问权限进行管理的客户视图。

3.3.2　全客户管理内容

3.3.2.1　客户信息统一存储

客户分为应用客户、渠道客户、开发客户、管理客户和结算户。应用客户相关信息包括社会属性档案信息、社交行为信息、营销系统相关信息、微服务上下游信息和业务行为信息等；渠道客户相关信息包括资料信息、渠道行为信息和设备信息等；开发客户相关信息包括开发者授权使用的微服务信息、开发者更新应用/服务记录信息和开发者使用服务信息等；管理客户相关信息包括账号、密码、角色等；结算户相关信息包括业务信息如银行账户、增值税信息等。

应用客户相关信息较为复杂，本段对其展开详述。社会属性档案信息按照客户身份分为个人信息和企业信息，个人信息有手机号码、身份证号码、姓名、性别、年龄、住址等，企业信息有营业执照号码、企业性质、经营范围、成立时间、注册资金、员工数量、所在位置、占地面积等。社交行为信息指客户与电网发生直接或间接接触的非业务属性信息，如与电力客户产生交集的客户、关联好友、文章分享对象、受邀客户等。举个例子，假设客户 A 向好友客户 B 多次分享“南方电网 95598”推文中关于新能源汽车及充电桩的文章，则 B 虽不属于传统客户界定范畴，但在统一服务平台的统一身份识别系统中，B 仍将被打上“潜在充电桩客户”的标签。营销系统相关信息包括用电户号、电费账单、用电变更记录等。微服务上下游信息包括受电工程中上下游客户信息，如企业名称、法人代表等。业务行为信息包括客户报装记录、用电轨迹记录、服务记录、联络记录、电费缴纳记录、电能计量信息、投诉记录等。

客户关联信息指以客户身份数据及其他行为数据为基础，通过外部算法模型分析得出的客户特征数据，如客户社会信用度、客户活跃度、客户对服务渠道的偏好/敏感度等。在现有阶段，要先完成存储渠道客户与应用系统（营销系统）客户的关联关系，主要基于绑定用电客户划分关联关系，渠道客户通过手机号绑定用电客户，单个渠道客户可绑定多个用电客户，以电费缴纳为例，一个微信用户可为多个用电客户缴费，并且单个用电客户可被多个渠道客户绑定（多个微信用户可为同一个用电客户缴费），因此关联关系为绑定与被绑定。

客户行为轨迹一般由网站日志记录，通过日志收集整理客户行为轨迹数据，客户行为轨迹数据包括但不限于：客户在应用的停留时间、跳出率、回访者、新访问者、回访次数、回访相隔天数；客户的访问来源、访问深度；用户访问应用每个功能的频率及停留时间；客户页面偏好及页面停留时间；客户在不同时段的访问量情况等。通过收集客户行为轨迹数据，可以更加清楚地了解客户的行为习惯及特征，有助于企业发掘高转化率页面，实现有效的精准化营销，提高业务转化率。

客户产生内容比较多样化，如留言、会话等，同样也是通过日志收集整理客户产生内容，客户产生内容包括但不限于：留言，如客户在微信上的咨询或者投诉，在推送的图文消息下的留言信息等；会话，如客户向 95598 的来电等。通过对客户产生内容进行收集，了解客户关注热点，有助于把握营销痛点和盲点，有针对性地优化业务设计。

3.3.2.2 构建统一客户视图

统一客户视图预期达到的目标如下。

（1）提高客户信息的完整性。客户信息的完整性是统一客户信息工作的根基，只有拥有与需求相适应的完整的客户信息，才能建立起完整的客户视图。

（2）提高客户信息的一致性。客户信息的一致性是统一客户信息工作的难点与关键点。由于客户信息定义与采集过程彼此独立，在不同的应用中，同一信息可能不一致，因而只有解决了各系统在客户信息整合过程中的一致性问题，统一后的客户信息才能应用于市场细分，也才能真正支撑精准营销。

（3）保证客户视图的全面性。保证客户视图的全面性是视图管理的首要目标，由于客户视图直接支撑后向作业活动与分析活动，因此只有保证其全面性，才能充分满足实际应用需求。

（4）保证客户视图的针对性。客户视图针对性的实质在于保障服务平台组织构架中每一岗位的人员拥有与其职责相匹配的客户信息的访问权限，从而支撑其作业活动与分析活动。

（5）保证客户视图的简洁性。保证客户视图的简洁性重在防止基于同一实际应用需求重复构造客户视图，是提高客户视图使用便捷性的保障。

客户身份识别是构建统一客户视图的基础，是定义客户的重要步骤，也是大数据营销技术的重要基础，其主要目标是在统一账户体系下，基于客户信息数据库，通过客户业务办理记录、行为轨迹、身份标识、社会关系等关联信息，对客户进行画像，确认系统内客户的唯一性。在客户身份识别的基础上，要实现客户的权限信息管理。客户权限信息包括角色信息（如业务角色、应用角色、客户角色等）、认证信息、授权信息、审计信息等，对客户角色而言，有对应关系的租户和户主，则户主拥有全部权限，并可通过手机号授予租户部分权限（如打印发票、查询账单等）。通过权限信息的存储和管理，完成客户权限管理，提供快速、有柔性的调整能力，应对动态权限管控，实现客户权限统一，从而能够更加灵活、迅速地满足身份权限管理需求，提升身份权限管控水平，降低身份安全控制风险。基于 RBAC 技术，通过引入角色实现客户和权限逻辑分离，通过控制角色权限来间接控制主体对应用的菜单权限、功能权限及数据权限，实现逐级分配和统一管理。

3.3.3　全客户管理的必要性和意义

统一服务平台通过统一客户数据，实现对客户信息多方面、多维度的存储，为前台进行用户画像、行为分析，实现精准化营销、精细化服务奠定了坚实的基础。

南方电网互联网统一服务平台构建的统一客户视图范围更加宽泛，其构建的统一视图从全局出发，从“客户、用户、结算户”三个维度对用户进行分类，在强调三户关联性的同时，注重用户的“唯一性”，在用户画像、行为分析方面具备明显优势。

南方电网互联网统一服务平台整合存放在营销管理系统中的原始用户数据，结合多渠道的客户服务记录，建立统一的用户数据标准，生成客户服务的全景视图。在此基础上，将与某个用户相关的所有信息整合并统一起来，实现全客户视图，使所有客服人员看到的用户数据都是一致的。借助大数据技术，结合统一接入模块收集到的数据和营销管理系统数据，对客户的基础数据进行汇总，形成客户画像。在这个过程中，一些曾经看似不相关、无用、多余的信息，通过数据整合共享、交叉复用，可能摇身一变，成为极有价值的客户信息。

结合统一客户视图，管理员在后台可根据各种查询条件搜索用户并浏览用户信息，对用户进行批量的增、删、改、查等操作，根据用户对各服务渠道的使用情况，分析用户的渠道偏好等。平台还可以通过模型判断客户类型，将客户划分为重要客户、普通客户、黑名单客户等，提供分层客户的服务等级协议管理。

3.4 全业务管理

3.4.1 全业务管理简介

南方电网互联网统一服务平台的全业务管理是指该平台各渠道都涵盖电费查缴、停电信息查询、欠费复电、业务进度查询、故障报修、营业网点查询、用电新装与业务变更等业务。通过全业务管理实现了南方电网所有业务的统一管理，使得客户可以随时随地办理业务，大幅提高了便利性。

南方电网业务域主要由九大部分构成，分别是战略管理、规划建设、安全生产、市场营销、人力资源、财务管理、物资管理、信息管理和综合管理，如图 3-3 所示。互联网统一服务平台业务域范围为“市场营销”业务域。

市场营销业务域又由营业管理、电力交易、客户服务、需求侧管理、营销分析与稽查监控、市场营销策划、电能计量管理、电力市场建设、市场开发和营销项目管理构成，如图 3-4 所示。

图 3-3　业务域范围组成图

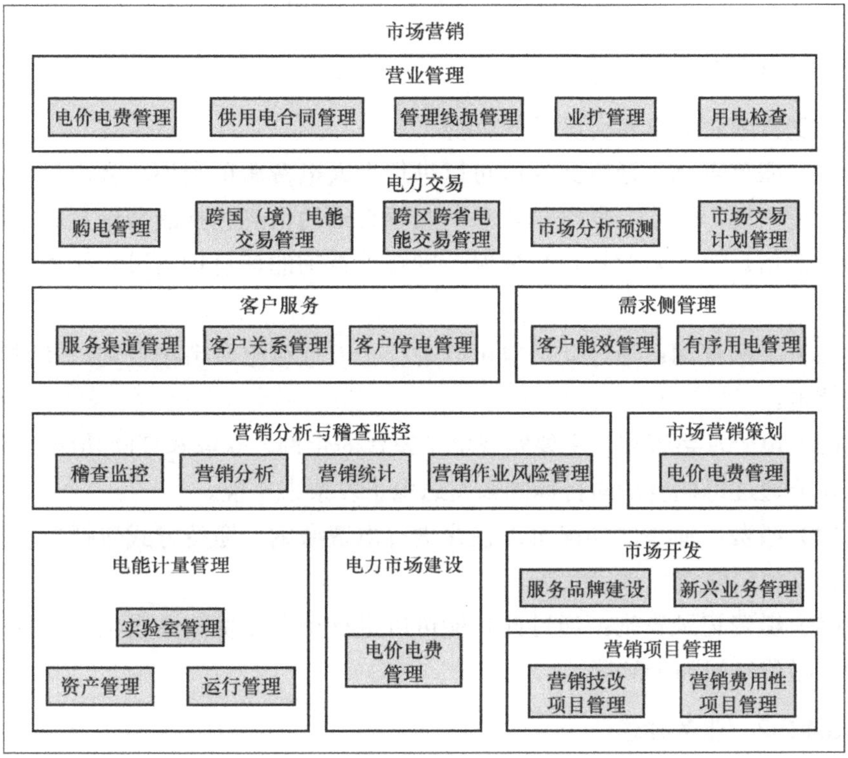

图 3-4　“市场营销”业务域的业务分类图

3.4.2 全业务管理内容

全业务管理由七大业务构成，分别是电费查缴业务、业务办理、故障报修业务、留言业务、停电管理业务、营业网点管理业务、用户信息管理业务、进度查询业务和客户服务监控业务，如图 3-5 所示。

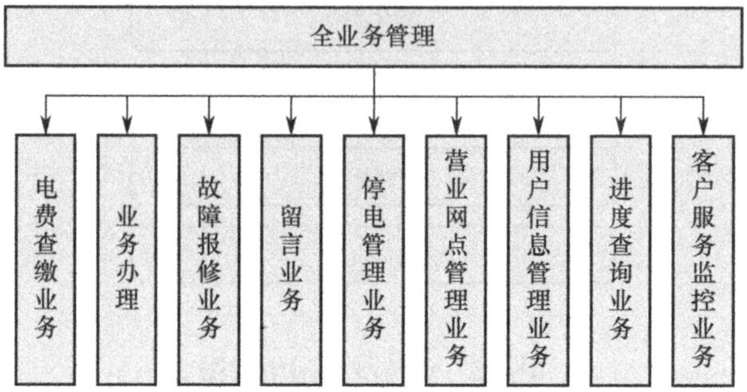

图 3-5 全业务管理组成图

3.4.2.1 电费查缴业务

电费查缴业务主要实现以下功能。

（1）账单查询：通过此功能可以进行个人电费账单查询，客户可查询近三期、近六期、近十二期账单信息。账单查询的信息包括缴费信息、余额信息和发票信息等。若存在过户情况，则账单查询的信息均为过户操作之后的信息。

（2）余额查询：通过此功能可以进行个人预存电费余额查询，及时购电以防停电。

（3）电子发票管理：主要实现电子发票的查询、获取和订阅功能。其中，订阅功能通过每期自动向目标邮箱发送电子发票来实现。

（4）缴费：通过此功能可以在线进行电费缴纳，缴费方式包括银行协议扣款、支付宝缴费和微信缴费。

（5）缴费记录查询：通过此功能可以进行个人缴费记录查询，包括缴费金额、缴费时间和余额等。

3.4.2.2 业务办理

业务办理主要实现以下功能。

（1）用电申请：通过此功能可以进行高压业扩新装、居民新装、低压业扩新装、大客户新装、批量新装、直驳用电、直驳临时用电、大客户临时用电、低压临时用电和高压临时用电的申请。其中，高压、低压业扩包括业务受理、现场勘查、中间检查、竣工检验、装表接电等环节。

（2）用电变更：可以实现过户、更改缴费账户、更名、改电价、移表、暂拆、暂拆恢复、替换、替换恢复、受电装置变更、临时用电延期、增容、减容、减容恢复、临时性减容、暂停用电、恢复用电、大客户增容等功能，部分功能的说明如下。

- 过户：在用电地址、用电容量、用电类别不变的条件下，进行用电权利、电能消费对象（注册客户）的转移。过户后，将解除与原用电客户的供用电关系，与新用电客户建立供用电关系；
- 更改缴费账户：在发票名称不变的情况下，对缴费银行进行更改；
- 更名：在用电地址、用电容量、用电类别不变的情况下，客户申请变更用电客户名称；
- 改电价：受理用电客户因电力用途发生变化而提交的变更申请，可以变更客户的用电类别及客户的行业分类；
- 移表：用电客户因修缮房屋或其他原因需要移动用电计量装置的安装位置；
- 增容：依据《供电营业规则》的有关规定、南方电网发布的服务承诺及服务规范，为 10 千伏、20 千伏高压电力客户和 10 千伏以下（220V/380V）低压电力客户增加容量；
- 减容：依据《供电营业规则》的有关规定、南方电网发布的服务承诺及服务规范，对 10 千伏或 20 千伏已有高压电力客户实施永久性减容；
- 临时性减容：高压客户申请在一定期限内（最短期限为 15 天，最长期限为 2 年）减少合同约定的用电容量；
- 暂停用电：客户暂时停止全部或部分受电设备的用电；
- 恢复用电：缴费后的用户发起复电申请，通过欠费复电的查询功能，可以得到工单进度和复电联系人信息。

（3）停止用电：用电客户停止全部供电容量，并与供电企业终止供用电关系，且临时用电不在网上营业厅受理。

3.4.2.3 故障报修业务

故障报修业务主要实现以下功能。

（1）报障：通过此功能可以进行故障上报维修。

（2）报障记录查询：通过此功能可以进行故障上报进度查询。

3.4.2.4 留言业务

对于留言业务，客户会根据需求选择所要留言的类型，包括表扬、咨询查询、建议、意见、投诉和举报，在客户提交留言后会生成咨询工单号码和预计响应时间并将其反馈给用户。系统后台同时记录跟进处理的客服员工号、留言生成的工单号码及最后的处理结果等。对于需要派单的留言，可通过客户编号查询用电区域及电费情况等内容后，直接生成工单并传递给相应的业务处理部门，无须重复联系客户，可以有效提升处理效率。

3.4.2.5 停电管理业务

停电管理业务主要实现以下功能。

（1）停电信息查询：用户可根据停电时间、停电区域和停电类型进行停电信息的查询，其中，停电时间包括未来一周、未来两周、未来一个月和过去一周，停电类型包括计划停电和故障停电。停电信息包括供电单位、停电开始时间、停电结束时间、停电类型和停电范围。

（2）停电公告：展示所选地区未来一周的停电信息。

3.4.2.6 营业网点管理业务

营业网点管理业务主要提供附近的电力营业厅、自助缴费点、充换电网点等服务网点信息，支持地图导航。服务网点信息包括所属区域、营业网点、详细地址和营业时间。用户可通过所属区域、类型和关键字进行查询。

3.4.2.7 用户信息管理业务

用户信息管理业务主要实现以下功能。

（1）联系人信息查询：可以根据户号信息实现户号联系人信息查询。

（2）新增联系人：可以根据户号信息在户号下新增联系人。

（3）新增联系方式：可以根据户号信息在户号下新增联系人的联系方式。

（4）修改联系方式：可以根据户号信息对户号下联系人的联系方式进行修改。

（5）通知订阅：可以根据户号信息实现户号下联系人的通知订阅。

（6）户号绑定：可以根据户号信息实现户号与账户绑定关系的建立。

（7）户号解绑：可以根据户号信息实现户号与账户绑定关系的取消。

（8）绑定信息查询：可以根据户号信息实现户号与账户绑定信息的查询。

3.4.2.8 进度查询业务

进度查询业务主要实现以下功能。

（1）新装工单进度查询：可以实现新装工单进度的查询。

（2）业务变更工单进度查询：可以实现业务变更工单进度的查询。

（3）扫码进度查询：用户可以通过扫描二维码进行业务办理进度（环节）信息查询。

3.4.2.9 客户服务监控业务

客户服务监控业务主要实现以下功能。

（1）客户投诉举报监控：可根据地区、业务类型、工单状态、处理结果、工单来源、处理时效等查询条件，统计分析客户投诉举报情况。

（2）渠道运营监控：可根据地区、业务类型、工单状态等查询条件，统计分析各渠道运营情况。

（3）用电业务监控：可根据地区、业务类型、工单状态、渠道、处理时效等查询条件，统计分析用电业务情况。

（4）故障抢修监控：可根据地区、工单状态、渠道等查询条件，统计分析故障抢修情况。

（5）停复电监控：可根据地区、工单状态、渠道等查询条件，统计分析停复电情况。

（6）客户平均停电时间监控：可根据地区、时间等查询条件，统计分析客户平均停电时间。

（7）客户满意度监控：包含 95598 服务满意度、统一服务平台业务满意度、第三方评测满意度。可根据地区、渠道、时间等查询条件，统计分析客户满意度情况。

（8）客户问题详情：根据地区、诉求关键字、工单编号、诉求类别等查询条件，查询客户诉求的明细信息及与诉求关联的工单信息，可对诉求进行关注。

（9）业扩全流程监控：对不同地区业扩全流程、关键环节、关键指标进行监控。

（10）大客户服务监控：对不同地区的大客户服务进行监控。

（11）客户服务监控：主要监控客户投诉举报、故障抢修、渠道运营、用电业务等业务数据，数据来源涵盖微信、网上营业厅、掌上营业厅等，可以按时间（日、月、年）、地区维度（各区局）、工单状态（未处理、处理中、归档、无效）、处理结果（属实、不属实、在办）、处理时效（超时、及时）等维度监控业务数据。

（12）数据质量监控：对不同地区的数据质量进行监控。

（13）现场作业应用监控：对不同地区的现场作业应用进行监控。

（14）督办工作台：在手机端对问题发起督办，并跟踪督办。

（15）督办结果监控：对不同地区的督办结果进行总体监控分析。

（16）客户服务热点监控分析：对不同地区、不同渠道、不同业务进行客户服务热点监控分析。

3.4.3 全业务管理的必要性和意义

2018 年，南方电网互联网统一服务平台注册客户已突破 3000 万人，互联网办电业务占全渠道的 70%，并涵盖了实体营业厅 95%的业务，服务渠道已从传统营业厅向互联网渠道转移，可以看出，南方电网互联网统一服务平台的全业务管理具有至关重要的作用。全业务管理的具体意义如下。

（1）开通了电费查缴、业务办理、停电报修、网点查询等近十个便民服务项目，其中，业务办理使客户可进行线上用电申请、业务变更。使得广大客户足不出户、动动手指即可办理各类用电业务，大幅提高了便利性，基本实现客户办理常规业务“一次都不跑”。

（2）支持多个用电账户一号管理，即客户只需注册一个账号，就可以同时管理广东、广西、云南、贵州、海南五省区的房产用电情况，极大地推动了数据业务的融合，实现了上亿客户的数据采集和系统共享，使得南方电网和各分局在客户服务标准上更加统一，提高了客户的服务满意度。

（3）实现了南方五省区电子渠道的服务品牌统一、客户权限统一、服务功能统一和后台管理统一，有效解决了各省级电网公司由互联网服务渠道不统一带来的服务标准不同、品牌不一致、客户重复注册、渠道功能不全和后台数据不共享等问题。

3.5 全数据管理

3.5.1 全数据管理简介

20 年前，IT 企业就在谈论海量数据，如今，大数据成为一个影响广泛的新趋势。但是，在这个背景下，大多数公司都只分析了业务数据的子集，通常只占业务数据的 10%左右，因为数据量较大，可以将其归类为大数据，但这肯定不是全数据分析。也正因为如此，很难明确大数据分析的结果是否具有可信度，是否具有高性价比的参考价值。

数据量很大，但是如果不能进行全面、统一的分析，难免会出现分析漏洞，如此一来，基于公司内不完整的数据分析得出的结论，可能会使领导层的决策出现失误，造成意料之外的损失。因此，基于更多的数据进行全面分析，得出的结论才会更有意义，得出的结果才会更有可信度，更有利于指引高层的决策。

企业很难做到全数据分析，原因在于，企业内部的数据是散落的，没有统一的关联。从大数据到全数据分析，“全数据企业”将是下一个业务目标，应将数据库、企业应用程序进行衔接，以提供一个完整的操作视图。

随着客户对南方电网服务的要求和期望越来越高，以及大数据、智能化、移动互联网、物联网、云计算等新技术的发展及应用，统一业务、统一数据，建设完善的全网互联网统一服务平台，进一步提升客户体验，让用户享受高质量的统一服务，是南方电网的新的发展目标。

3.5.2 全数据管理内容

南方电网在建设统一服务平台的过程中做了一系列全数据的工作。

（1）系统集成：南方电网为了更好地整合数据，在统一服务平台中设置了一系列数据处理接口，如查询问题数据的接口、获取业务办理记录的接口、获取缴费记录的接口等，统一接口保证了南方电网各渠道数据的一致性，便于后续的存储、分析和利用。

（2）建立数据中心：南方电网数据中心对各分/子公司的营销明细数据进行实时采集，在分/子公司侧部署 CDC 服务器，采集营销管理数据库的明细数据，通过 CDC 工具、数据中心 ETL 工具装载到数据中心大数据 GP 数据库中。

（3）统一用户模型：彻底打破现有各渠道信息孤岛现状，强账户体系将使现有各渠道账号彻底打通，通过用户信息数据库可实现用户数据统一，多年来存在的渠道分散、数据割裂问题将被彻底解决。

（4）渠道用户统一管理：南方电网已实现了用户登录账号互通，即一次注册，可同时登录网上营业厅、微信、掌上营业厅等服务渠道，实现账号后台数据互通的强账号体系，对现有服务渠道、应用的用户信息、历史数据进行汇总及迁移，基于手机号合并各服务渠道的用户数据，剔除冗余信息，完成各渠道用户信息的统一存储，统一账户管理。

（5）备份管理：由于系统数据量大，如果由人工来进行数据的备份工作将给系统管理带来很大的工作量。因此必须进行备份管理，采用先进的备份技术和先进的备份系统，并采用统一的管理机制，保证数据的一致性备份和高速切换。备份管理提供高效的存储设备的管理能力和数据备份功能。

（6）建立内外网数据安全交换平台：部署在公共服务云中的应用通过“内外网数据安全交换平台”调用部署在企业管理云中的服务，获取业务数据。

（7）渠道运行综合分析：运用通过渠道监控和访问监控等途径收集到的数据，进行数据分析，利用数据分析结果了解客服的工作情况，及时发现客服工作中存在的问题，辅助管理与决策。

（8）应用全景数据：主要对各渠道汇总的数据进行分析，包括业务办理、信息推送、用户行为、服务利用。其中，业务办理包含各渠道受理工单分析、报修分析等。信息推送包含停电信息发送统计、电费信息发送统计（缴费、欠费催缴等）、各渠道发送短信数量统计等。用户行为包含各渠道注册情况统计、绑定用户统计、各渠道登录日志等；服务利用包含渠道服务调用数据统计、渠道服务调用明细查询、服务调用异常分析及明细查询等。

（9）大数据分析：主要包含渠道数据分析应用、用户用电行为分析、用户侧大数据分析结果应用三个方面。其中，渠道数据分析应用用于指导并优化渠道服务策略，用户用电行为分析可进一步完善针对不同用户的服务策略；用户侧大数据分析结果应用可与用户分享数据分析成果，增加客户黏性。

3.5.3　全数据管理的必要性和意义

统一服务平台通过数据抽象、聚合、重用等方式，实现基于逻辑模型的原子化、组合化数据封装，保持物理数据源与逻辑数据的一致性；数据服务将南方电网用户和物理数据源隔离开来。数据提供者改变数据结构、数据格式、数据持久化机制、数据交换协议，都不会对用户产生不利影响；数据服务允许提供者使用一个或多个数据源来构造业务实体。数据服务可以将结构化的数据和半（或非）结构化的数据组合起来；数据服务可作为操作企业数据的可重用构建单元。数据服务逻辑可应用于多个渠道业务流程，这极大地推动了重用；通过保持数据结构和各种数据属性行为的一致性，数据服务能与逻辑数据模型实体保持一致。

3.6　本章小结

本章主要从五个方面介绍了互联网统一服务平台的总体方案及其主要功能。第一部分介绍了以“全渠道、全客户、全业务和全数据”为核心的总体方案，包括项目目标、需求分析和总体方案设计；第二至第五部分则详细介绍了全渠道管理、全客户管理、全业务管理及全数据管理。

参考文献

[1] 檀鹏，曹健，梁杨，等. 全业务竞争环境下一体化服务营销支撑体系研究[J]. 电信工程技术与标准化，2010，23(03)：16-20.

[2] 谢辉. 基于多渠道的电力企业统一服务平台设计[J]. 自动化与仪器仪表，2017(05)：56-58.

[3] 梁哲辉，梁林森. 电力电子全渠道一体化 E 平台的研究与实现[J]. 信息化

建设，2015(04)：29-32.
[4] 赵洪，王俊，贾放. “互联网+”背景下供电企业建设全渠道结构的探索[J]. 经营与管理，2018(09)：93-96.
[5] 李飞. 全渠道零售的含义、成因及对策——再论迎接中国多渠道零售革命风暴[J]. 北京工商大学学报（社会科学版），2013，28(02)：1-11.
[6] 姜永盛，周伟. 以客户视图为导向的商业银行战略客户管理研究[J]. 现代管理科学，2018(10)：79-81.
[7] 谢辉. 基于多渠道的电力企业统一服务平台设计[J]. 自动化与仪器仪表，2017(05)：56-58.
[8] 王成洁. 建设统一网上服务平台构建现代供电服务体系[N]. 国家电网报，2018-03-27(008).
[9] 宁柏锋. 统一电网资源云服务平台的设计与应用[J]. 电力信息与通信技术，2016，14(02)：143-146.
[10] 张锐，赵瑞锋，王海柱，等. 基于统一模型的电网大数据存储与分析服务平台的实现[J]. 电子技术与软件工程，2018(21)：153.
[11] 崔蔚，李春阳，刘迪，等. 面向微服务的统一应用开发平台[J]. 电力信息与通信技术，2016，14(09)：12-17.
[12] 耿贞伟，苏文伟. 对微服务架构的电力云服务平台研究[J]. 微型电脑应用，2019，35(02)：80-82.

第4章

互联网统一服务平台模块介绍

4.1 后台构建

4.1.1 整体架构

南方电网建设互联网统一服务平台，实现对掌上营业厅、网上营业厅、微信公众号等的统一接入管理和统一监管调度，同时对各渠道进行升级改造，以实现营销业务全面覆盖、纵向贯通和横向集成的效果。互联网统一服务平台以渠道应用为“服务前台”、以全渠道客户服务系统为“服务中台”、以一体化系统、数据中心等为“服务后台”构建电力服务应用体系，旨在全面提升客户服务能力，促进服务渠道的发展，贯彻公司创新电力服务的方针。

南方电网互联网统一服务平台的后台负责管理南方电网营销业务的核心资源，如用户数据、重要业务数据等。服务平台部署方式为网、省两级部署，网级包含了网级 IDC（互联网数据中心）的企业管理云和网级 DMZ（隔离区）的公共服务云，公共服务云与企业管理云通过内外网数据安全交换平台打通，网级 IDC 的企业管理云可直接连接分/子公司 IDC 的省中台。统一服务平台整体部署架构如图 4-1 所示。

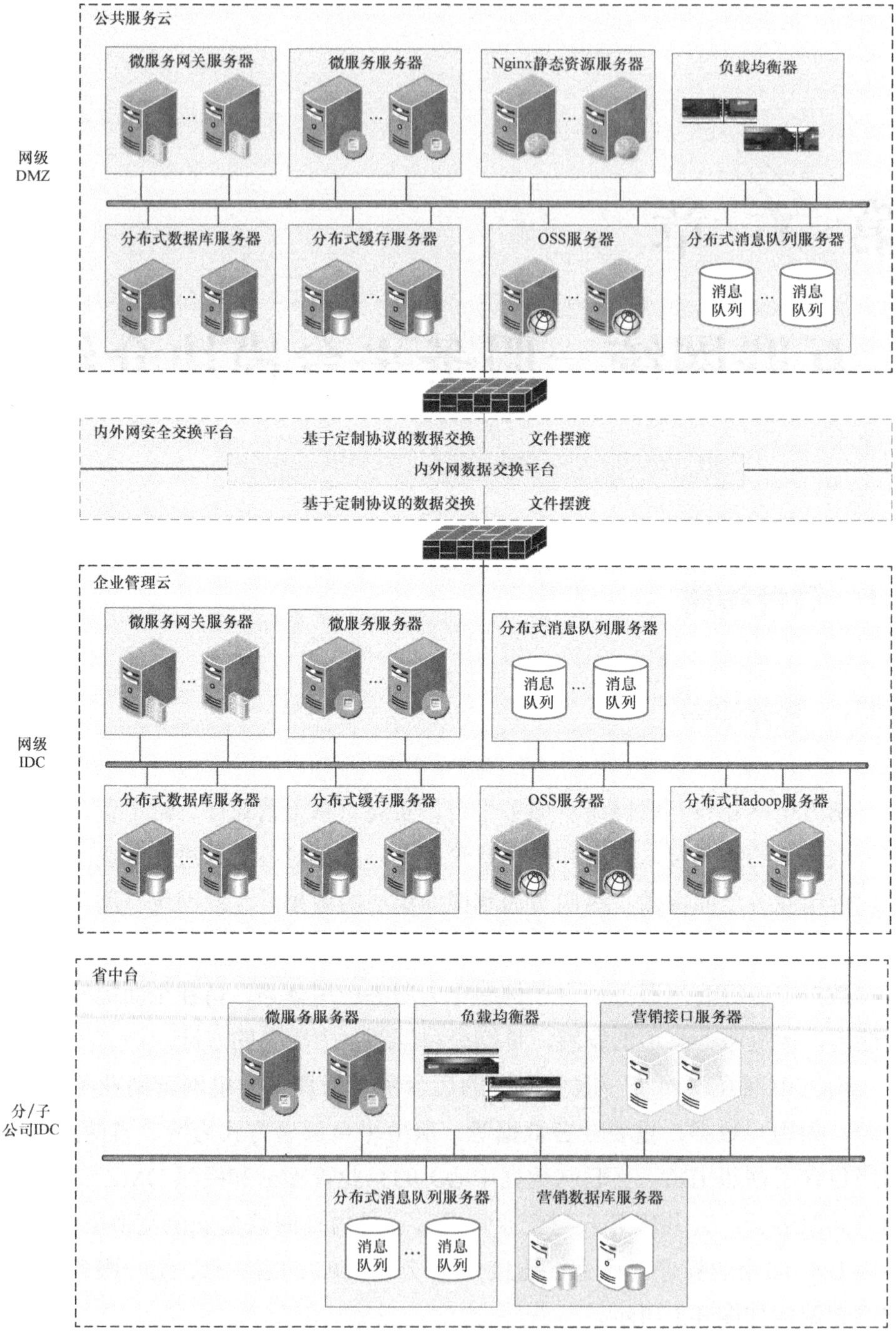

图 4-1　统一服务平台整体部署架构

IDC（Internet Data Center，互联网数据中心）是以电信级机房和网络资源为依托，以高水平专业化技术队伍为支撑，为各类客户提供设备托管及相关增值服务，并定期向客户收取相应服务费用的一种产品。IDC 具有标准化、实用性、先进性、安全可靠性、灵活性、可管理性等特征，等级分为 A 级、B 级和 C 级。A 级为容错型，A 级数据中心要求支撑系统有足够的容量和能力规避任何计划性动作导致的重要负荷停机风险，要求至少有两个实时有效的配送路由，$N+N$ 是典型的系统架构；B 级为冗余型，B 级数据中心要求支撑系统保证任何计划性动作都不会导致机房设备的服务中断；C 级为基本型，C 级数据中心可以接受数据业务的计划性和非计划性中断，遇到紧急状态时宕机的频率会更高。在一般情况下，银行系统机房多按 A 级标准来设计，政府部门及企业根据客户要求按照 B 级标准来设计，事业单位及教育部门可根据 C 级标准来设计。

南方电网互联网统一服务平台的 IDC 等级为 B 级以上，网级 IDC 主要由存储类服务器集群和应用类服务器集群构成。存储类服务器集群包括分布式数据库服务器、分布式缓存服务器、OSS 服务器和分布式 Hadoop 服务器；应用类服务器集群包括微服务网关服务器、微服务服务器和微服务消息队列服务器。网级 IDC 可直接连接分/子公司 IDC 的省中台，但中台构建不在本节范围内，此处不再赘述。

DMZ（Demilitarized Zone，隔离区）是为了解决安装防火墙后外部网络不能访问内部网络服务器的问题而设立的一个介于非安全系统和安全系统之间的缓冲区。DMZ 内通常放置一些企业允许外部访问的、不含机密信息的公用服务器，如 Web 服务器、E-mail 服务器等。DMZ 将需要保护的内部网络接在信任区后，不允许任何外部网络直接访问，实现内外网分离，满足用户的安全需求。即使 DMZ 中的服务器遭到破坏，也不会对内网信息造成影响。互联网统一服务平台的内网资源放在 IDC 中，公共业务放在 DMZ 的公共服务云中。网级的 IDC 和 DMZ 通过内外网的数据安全交换平台实现定制协议的数据交换和文件摆渡。服务平台 DMZ 的服务器集群与 IDC 相似，也主要由存储类服务器集群和应用类服务器集群构成，但是增加了负载均衡器来均衡负载。

以上内容为统一服务平台的整体部署架构，本节接下来的内容将对后台构建细节进行具体描述。

4.1.2 构建数据中心

南方电网互联网统一服务平台相关数据库包括账户数据库和应用数据库（微信、掌上营业厅、网上营业厅、系统监控数据库），账户数据库和应用数据库主要保存统一服务平台的配置信息、用户账号信息和应用产生的业务数据，其中，配置信息、用户账号信息比较少，业务数据主要包括功能使用明细（完善的用户访问日志明细，以日志形式存储）和相关统计数据，其他的业务数据主要由“分布式存储与计算环境”和“营销管理系统”管理，这两个系统均有完善的数据库备份管理机制。

4.1.2.1 Redis 数据库

Redis（Remote Dictionary Server）是一种基于内存的 Key-Value 数据库产品，于 2009 年首次发布。Redis 使用 ANSIC 语言开发，但支持多种语言接口，如 C++、C#、Java、JavaScript 和 Python 等，它支持字符串、链表、集合、有序集合和哈希值等多种类型的存储和操作。相比于 Memcached 等内存数据库，Redis 的重要特征是其增加了持久化功能，它在把整个数据库系统加载到内存中进行操作的同时，定期通过异步操作把数据写入硬盘；在此基础上，Redis 还实现了主从复制，可利用该功能专门规划一个从属服务器用于备份，这对于预防单点故障和提高负载能力有很大帮助。另外，Redis 支持弱事务、管道技术、慢查询和订阅机制，更能适应实际开发中各种复杂的需求。

原生的 Redis 是单进程服务器，其服务架构是基于事件驱动的，对于单 CPU 单核的物理机，Redis 单进程服务器可以充分发挥物理机的 CPU 潜力。但是由于一台物理机的内存空间、磁盘 I/O 和 CPU 性能等是有限的，当用户请求密度达到一定水平时，Redis 单进程服务器会由于物理机的性能达到瓶颈而无法满足大吞吐量和高响应速度的要求，更不能满足现在的海量数据的服务要求。在这种情况下，Redis 分布式集群应运而生。在旧版 Redis 中，通常使用客户端分片来构建集群，但这种方式有很多缺点，如维护成本高，增加、移除节点较烦琐等。Redis 3.0 解决了这一问题，因为它增加了对集群的原生支持。Redis 分布式集群采用的实现方式是无中心节点方式，客户端可以任意连接到一个节点，根据返回的重定向信息找到 key 对应的 Redis 服务器。

统一服务平台建设 Redis 3.0+ 缓存数据库，将频繁使用的数据保存在缓存数据库中，避免相应接口的频繁访问，有效提升了性能。

4.1.2.2　MongoDB 数据库

MongoDB 是一个基于分布式文件存储的开源数据库系统，由 C++语言编写，于 2009 年推出。MongoDB 介于关系型数据库与非关系型数据库之间，将关系型数据库中“行”的概念替换为更加灵活的“文档”，以文档为基本存储单位。一个 MongoDB 实例由多个权限控制完全独立的数据库组成，每个数据库拥有大量的数据集合，每个集合又由大量文档构成。MongoDB 将内存映射作为存储引擎，可有效提高 I/O 性能；具有无模式的特性，无须制定模式与约束，便于多用户环境下不同格式、不同属性数据的存储；支持通用辅助索引和丰富的查询表达式，既提供即时查询，又提供地理空间索引；支持主从模式及服务器之间的相互复制，提供冗余备份、自动故障转移，且具有云级别伸缩性。

统一服务平台使用 MongoDB 存储对象元数据。

4.1.2.3　Hadoop 平台与 HBase 数据库

Hadoop 是一个分布式系统基础架构，它是 Google MapReduce 并行编程模型的开源实现。Hadoop 将底层分布式实现细节完全屏蔽，用户可以方便地基于其进行分布式程序的开发。在 Hadoop 项目成立之初，“Hadoop”这个单词只代表了两个组件——HDFS 和 MapReduce，随着 Hadoop 社区的发展壮大，Hadoop 已成为包含几十个相关组件的庞大系统。

HBase 是 Hadoop 的一个子项目，是一个可靠性高、性能好、面向列的分布式开源数据库。HBase 表中所有数据均以字节数组的形式存储，在初始化定义 HBase 表时无须为行或列指定具体的数据类型；HBase 表无固定结构，每个 HBase 表可随时动态添加或删除行或列，且其数目不设置上限，因此 HBase 能适应数据结构多变的应用场景，并且能对海量数据进行存储；HBase 表结构稀疏，每个 HBase 表是一个稀疏的数据存储单元，当表中任一单元值为空时，不占用存储空间；HBase 的存储具备强大的可伸缩性，其存储能力可根据实际应用需要，通过横向扩展存储计算机节点实现存储空间的线性增长。

为便于相关分布式程序的开发和管理，统一服务平台在网级 IDC 部署了分布式 Hadoop 服务器，同时在分布式存储与计算环境中部署了 HBase 数据存储区，将定制的部分数据源装载到 HBase 数据库中。服务平台的 Hbase 数据库还支持数据的有效期管理。

4.1.2.4 FastDFS 文件系统

FastDFS 是一个开源的轻量级分布式文件系统，由阿里巴巴开发，目前只支持 Linux、FreeBSD、Aix 等 UINX 系统。FastDFS 是为互联网应用量身定做的系统，其主要功能包括文件存储、文件同步、文件上传、文件下载等。与其他分布式文件系统相比，FastDFS 没有存储元数据的服务器，这样元数据可内存化，提高了检索效率。FastDFS 服务端有两个角色：跟踪服务器和存储服务器。跟踪服务器负责连接客户端及存储服务器，采用对等结构，可以随时上线或者下线而不影响线上服务，避免了单点故障问题。存储服务器采用分组的组织架构，同组的服务器存储相同内容，组与组之间不会通信，这样的组织结构起到了冗余备份的作用，并能维持一定程度的负载均衡。这两种服务器的存在使得 FastDFS 更轻便、更灵活，可有效提升系统的性能和可靠性。

南方电网的互联网统一服务平台在构建分布式对象存储（集成）服务时，将 FaseDFS 作为底层存储，上层使用分布式去中心化访问服务。

4.1.3 构建一体化系统

4.1.3.1 微服务

统一服务平台采用微服务模式构建一体化系统，按照业务功能将微服务集群划分为账户服务、电费服务、业务办理服务等多个微服务组。统一服务平台微服务架构示意图如图 4-2 所示。

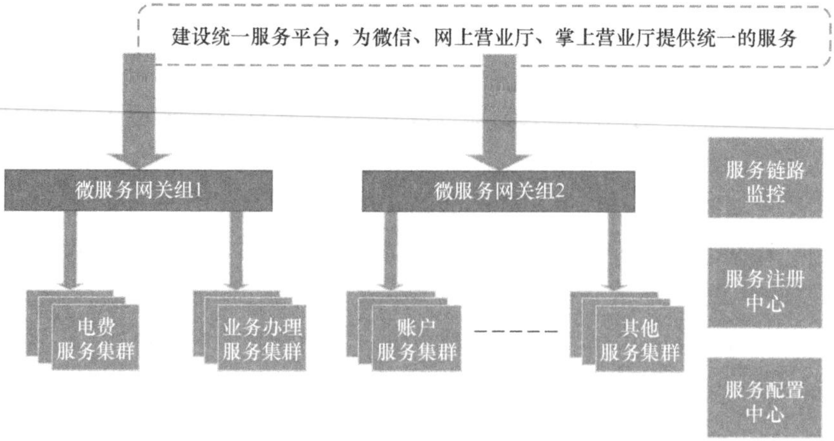

图 4-2 统一服务平台微服务架构示意图

"微服务"这一名词最早在 2011 年被提出，用于表示一种流行的软件架构风格。2012 年，威尼斯的一个软件架构小组正式将其命名为微服务，并于波兰展示了微服务的案例。此后，陆续有互联网公司尝试使用微服务架构实现企业转型并取得了成功，典型的有 Amazon、Uber、Netflix 等。微服务将内聚性的理念应用在独立的服务器上，根据业务的边界确定服务的边界。每个微服务都是一个独立的实体，仅关注一件任务并很好地完成该任务。其可以独立地部署在 PaaS 上，也可以作为一个操作系统进程存在。各服务之间通过网络 API 的调用进行通信，加大了服务之间的隔离性，有效避免紧耦合。这些服务可以独立修改，并且自身的改变不会影响其依赖者。

微服务架构是 SOA（面向服务的架构）的进一步实现，它提倡单一责任制原则，即聚合所有因为相同原因而改变的元素，分割那些因为不同原因而改变的元素。其将传统的单体架构按照业务功能拆分为多个可独立部署、运行的微服务，通过良好的拆分可使系统更好地满足软件体系架构中松耦合和高内聚的需求。微服务架构具有原子服务、应用自治、敏捷交付、灵活部署、去中心化、隔离运行等特征。原子服务指微服务的粒度是根据业务功能来划分的，每个微服务的功能越有针对性，其依赖其他服务的程度就越低，内聚性就越强，这种做法符合高内聚、松耦合的要求；应用自治指每个被拆分的微服务都足够小且功能具有针对性，可以实现弹性收缩、不断升级和独立部署，并且对其他微服务不产生任何依赖；敏捷交付指每个微服务都可以由较小规模的研发团队负责设计、开发、测试、部署、运行治理及发布等，是实现开发运维一体化（DevOps）的基础；灵活部署指微服务可以通过采用独立进程的方法进行服务器的部署，这就意味着在部署时可以将多个相同的微服务部署到不同的服务器上，也可以选择在一台服务器上部署多个微服务实例，这种方式具备高可靠的水平扩展能力；去中心化指微服务在设计型组织中通过授权决策达到去中心化的目的，它意味着所有微服务节点都扮演着两个不同的角色，即控制节点和被控制节点，他们既是消息的接收者也是消息的实时发送者；隔离运行指微服务架构根据产品的业务功能模块进行服务种类的划分，使每个微服务相互隔离、互不影响。

4.1.3.2　公共服务

公共服务是微服务平台底层公共服务部分，公共服务列表如下。

（1）任务调度。任务调度服务分为常规作业任务调度和大数据计算作业任务调度。常规作业任务调度由南方电网团队自主开发，为常规作业服务；大数据计算作业任务调度使用 Akka 技术定制开发，为大数据计算作业服务。

（2）配置中心。规范编制服务命名，按照点分码分级命名；规范配置项命名，采用点分码格式，支持配置项引用；支持注册服务上传存储一级依赖组件及其版本的清单；开发配置中心，同时提供配置访问客户端的组件包，客户端只需配置配置中心地址；支持配置信息导出、恢复等操作，在修改保存后，配置中心将自动输出配置信息至外置存储。

（3）认证中心。微服务本身不含安全认证，统一在网关中调用服务访问认证服务；按照微服务配置，认证策略可以组合，包含不认证、访问 IP 地址认证、访问 IP 地址段认证、应用名称认证和用户密码认证等，可以根据需要丰富认证策略；认证中心支持认证策略导出、恢复等操作，在修改保存后，认证中心自动输出认证信息至外置存储。

（4）简易工作流服务。采用互联网简易工作流方式实现对流程环节的控制；实现工作流版本控制与更新；实现工作流定义、实例及环节定义和实例管理；将工作流流程控制与操作分离，操作功能在外部服务或应用中实现；实现工作流编辑开发插件；支持工作流状态图实时展现；支持用户自定义属性数据，可控制工作流动作，如分支判断条件等；支持去中心化的分布式运行方式，独立于服务运行。

（5）计费服务。计费服务可调用集成计费账单到各应用部件中，可按照固定周期出计费账单；支持按照服务调用次数、流程订单数等进行计费；支持以插入计费代码的客户端组件方式提供服务；支持计费明细查询、汇总实时查询和历史账单查询。

（6）流量管理服务。互联网终端应用提供访问上传流量和下载流量记录的服务；在记录流量时，终端应用按照预设的类型（如图片类型、文本类型）区分记录的流量。

（7）用户中心。针对系统的所有访问用户，提供多系统的统一用户管理服务；提供用户注册、注销和基本维护服务；提供用户的多渠道关联服务。

（8）内外网数据安全交换平台接口服务。定制命令方式和文件摆渡方式。

（9）监控日志收集服务。收集各服务、各分区的应用日志。

（10）分布式对象存储服务（集成服务）。将 FastDFS 作为底层存储，上层采用分布式去中心化访问服务；在对象存储中，用户使用 ID 和对应密钥控制存储空间；对象元数据采用分布式数据库存储，如 mongoDB 等；提供对象存储周期控制服务；记录用户存储数据文件的类型、大小、时间、有效期等。

（11）微服务网关（集成服务）。根据南方电网云提供的微服务网关部署微服务。

4.2 中台构建

2015 年年底，阿里巴巴对外宣布全面启动阿里巴巴集团 2018 年中台战略，构建符合 DT（Data Technology）时代要求的具有创新性、灵活的“大中台、小前台”组织机制和业务机制：中台将集成整个集团的数据运营能力和产品技术能力对前台业务形成强力支撑，使得前台的一线业务能更敏捷、更快速地响应瞬息万变的市场。

在 2019 年的全国两会上，李克强总理在政府工作报告中首次提出“智能+”。从“互联网+”到“智能+”，时隔四年，算力、算法、数据进一步爆发，数字化转型升级风起云涌，成为新时代的大势。各行各业的业务场景中都引入了大中台理念，基于大数据、人工智能和互联网技术沉淀出了行业化的新型互联网平台。南方电网也在积极构建“大中台、小前台”的服务构架，打造一流的统一服务平台。

4.2.1 中台含义

在中台概念被提出之前，在信息化模式上，前端为支撑业务的应用端，后端为各应用系统。但随着市场、用户需求、业务的变化，底层应用无法及时提供支撑。企业需要一个强大的中间层为高频多变的业务提供支撑，为不同的用户提供多访问渠道。中台又被称为 BFF（Backends For Frontends，为前端存在的后端），顾名思义，中台是为前台服务的，是为了前台能够更好地履行自己的职责而存在的。中台将前台中通用的、公共的业务功能进行沉淀，避免功能的重复建设和维护；也将后台中经常与前台交互或时常变化的业务功能提取出来，赋予这些业务更高的灵活度和更少的变更资本，从而为前台提供稳定、专业的业务服务。

在过去的十余年间，南方电网围绕着企业运营、电网运行和客户服务等业务领域及各层级应用，开发了多个体系架构。各架构独立开发、独立运行，业界把这种企业架构称为“烟囱式”架构。烟囱式架构在很多企业中仍然很常见：业务部门提出业务需求后，IT 部门进行分析、开发、测试、上线，进入迭代的项目周期中，可以说，每个新系统的上线都代表着一个新的“烟囱”建成。这种时代的产物和建设模式也导致目前很多企业内部烟囱林立，企业面临互联网转型的困难。

“中台战略”可以视为传统架构的进化。这一战略的关键在于，从按职能划分的组织转变为以服务为目的的组织。“前台”包括接触客户的销售人员和直接面对需求的研发人员，在传统架构中为业务部门的核心。“中台”指对前台提供支持的部门。在传统架构中，财务部、人事部等中台提供的服务虽然必不可少，但是离业务很远，也并不重要。随着商业模式和技术模式的不断升级，研发变得越来越复杂和庞大，和客户直接相关的部分也相对越来越小。

4.2.2 中台划分

如今，大中台模式不再局限于电商行业，逐渐走向企业，为整个企业提供数据运营能力、技术能力、支撑能力、产品能力等。可根据应用将企业中台分为基础中台、技术中台、数据中台、业务中台和组织中台。

1. 基础中台

基础中台是大中台模式的底层基础支撑，也称为 PaaS 容器层，而对中台模式来说，其要求平台灵活高效，这就意味着对容器集群的管理与容器云平台的选择十分重要。技术应用是否到位直接影响平台的开发效率和运维程度，在这方面，目前 Docker 和 K8S（Kubernetes）独占鳌头，同时，对应的 DevOps 与 CI/CD 理念也随之兴起。

敏捷开发和 DevOps 都是为了更好更快地发布产品而提出的一种理念，而 CI/CD 是实现这两个理念的一种方法，即持续集成、持续交付。这些理念、方法等作为基础中台的组成部分来支撑大中台模式。

2. 技术中台

中台技术是随着平台化架构的发展而演进的产物，从技术层面来讲，大中台技术延续平台化架构的高聚合、松耦合、数据高可用、资源易集成等特性，之后结合微服务，将企业核心业务下沉到基础设施中，基于前后端分离的模式，为企业打造一个连接一切、集成一切的共享平台，技术中台架构如图 4-3 所示。

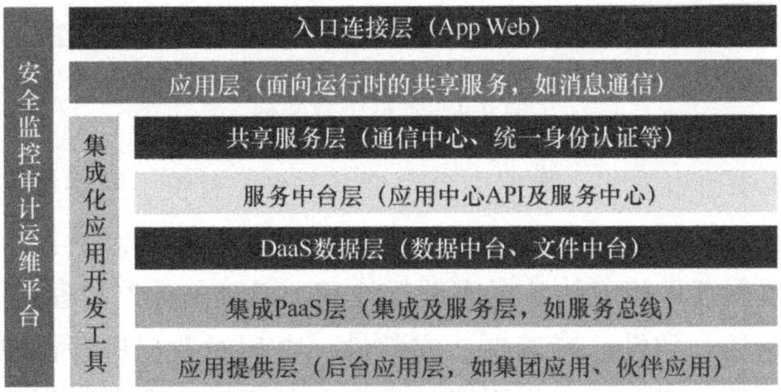

图 4-3　技术中台架构

在技术中台架构中，底层为应用提供层；上层为集成 PaaS 层，将服务总线、数据总线、身份管理、门户平台等中间件产品和技术融入，作为技术支撑；DaaS 数据层通过数据中台，结合主数据、大数据等技术，具备数据治理、数据计算、配置分析的能力；服务中台层与共享服务层共同支持应用层中的行业业务，为用户提供个性化的服务。

3. 数据中台

随着数字化时代的到来，互联网、云计算、大数据、人工智能等技术持续推动着传统企业的数字化转型，未来企业对人、事、物的管理必定会被数字化全面替代，数据中台帮助企业进行数据管理，打造数字化运营能力。数据中台从后台及业务中台将数据流入，完成海量数据的存储、计算、产品化包装过程，构成企业的核心数据能力，为前台基于数据的定制化创新和业务中台基于数据反馈的持续演进提供强大支撑。数据中台中不仅包括对业务数据的治理，还包括对海量数据的采集、存储、计算、配置、展现等一系列手段，数据中台架构如图 4-4 所示。

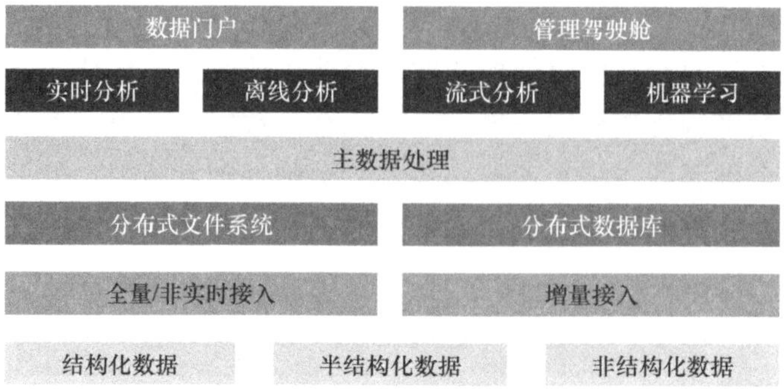

图 4-4 数据中台架构

从图 4-4 中可以看出，数据中台主要从系统、社交、网络等渠道采集结构化或半结构化、非结构化数据，按照所需的业态选择不同的技术手段接入数据，之后将数据存入相应的数据库进行处理，通过主数据治理或清理脏数据，保证所需数据的一致性、准确性、完整性，之后对数据进行抽取或将其分发至计算平台，通过不同的分析手段，根据业务板块、主题进行多维度分析、加工处理，之后得到有价值的数据用于展现，辅助决策分析。

4．业务中台

技术中台从技术角度出发，数据中台从业务数据角度出发，业务中台则从企业全局角度，从整体战略、业务支撑、用户连接、业务创新等方面进行统筹规划，由基础中台、技术中台、数据中台的联合支撑来建设业务中台，业务中台架构如图 4-5 所示。

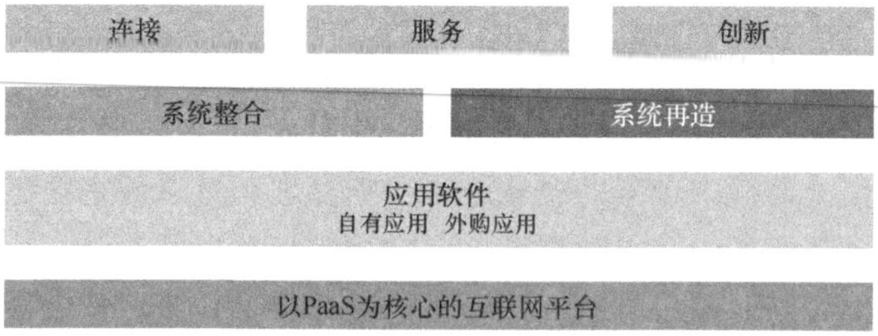

图 4-5 业务中台架构

底层将以 PaaS 为核心的互联网中台作为支撑，通常将开源的、外采的、内研的信息化系统、平台等作为基础并封装成核心技术层，通过系统整合、业务流程再造、数据治理分析等一系列活动为企业的业务提供支撑，形成特有的业务层，连接上下游伙伴、内外部客户、设备资源系统，建立平衡的生态环境，支撑业务的发展与创新。

5．组织中台

基础中台、业务中台、数据中台、技术中台都是围绕技术展开的，也是企业在中台建设中最关注的方面。但围绕技术展开并不是因为在中台构建中技术的重要性，而是因为技术的改进相对简单，而中台建设的真正困难是组织的重构，这往往是大家避而不谈的。中台战略能否成功取决于能否实现技术架构与组织架构的匹配，这是一道无法绕开且必须要迈过的门槛。

组织中台很像企业中的内部风投和创新孵化机构，为前台组织和团队构建创新型前台应用，提供投资评估（项目甄别）、投资管理、投后管理（孵化与风控），真正从组织和制度上支撑前台组织和应用的快速迭代与规模化创新。

4.2.3　中台构建

服务平台应用架构平台层如图 4-6 所示，作为南方电网电力物联网建设的重要一环，统一服务平台的应用构架也遵循“大中台、小前台”原则，整个平台建设的基础是充分应用“大云物移智链”等现代信息技术和先进通信技术，其中，物联网和移动互联网的应用指的是感知层的传感技术应用、网络层的通信协议统一和应用层的网站与 App 开发，而大数据和云计算的应用指的是在平台层推进大中台的建设，云计算是整个中台的计算能力基础，大数据对业务的赋能构成整个中台的实体。

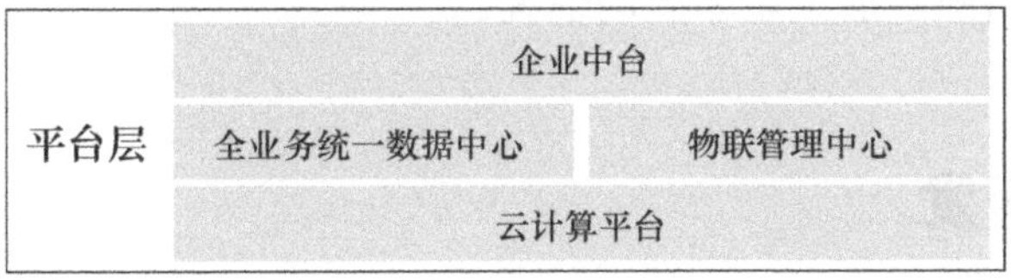

图 4-6　服务平台应用架构平台层

云计算平台是整个平台层的基础平台，通常把这部分的服务方式称为 PaaS——平台即服务。因为电网业务非常复杂，内部员工众多，因此不管对内还是对外，计算的需求都非常大。要满足这些需求，只能依靠云计算，通过服务器集群来对各项需求进行并行处理，对具有大量外部客户并需要进行互动的企业来说，这是非常常规的做法。

全业务统一数据中心的内涵包括两个方面。一方面，采用云计算的前提是有数据中心这些基础设施，通常把这部分称为 IaaS——基础设施即服务，所以需要根据业务需求和用户量在不同的地域规划建造数据中心，为上层提供物理基础；另一方面，其是指全业务统一数据库，这也是在整个平台层建设中难度最高、工作量最大的部分，改变之前烟囱式的数据库架构方式并建成一个统一的数据中心涉及数据的重新定义，需要针对格式、清洗方式、数据库架构乃至更细化的数据库，对海量的数据分库分表地进行确定和调整，这个过程相对比较漫长，一般采用逐步迁移的方式。

物联管理中心的建设要求满足感知层的传感器在接入方面的要求，包括设备接入方式统一、传输协议统一、权限控制和对设备的管理等。如果说全业务统一数据中心包括管理和生产的全部数据，那物联管理中心主要进行的就是对生产数据的统一集成，防止在建设全业务统一数据中心时需要同时面对管理数据和生产数据两方面的压力。物联管理中心接收的数据来源分为两部分：感知层设备的直接接入和网关数据的接入，相对于海量呈结构化的业务数据，按照目前主流的半结构化数据传输方式，生产数据的管理更加方便，建设也会快很多。

平台层的这些部分构成了企业中台，在整个大中台建成后，业务应用的开发无论是面向内部还是面向企业、面向个人，只需从统一数据库中对自己需要的部分进行调用，因此开发速度能明显加快，更快速地响应各类用户的需求及内部的需求，并且即使应用再多，所用到的数据也是统一的，不会出现不同业务的同样数据出现矛盾的情况。

4.3 应用开发

本节分别从后台开发和中台开发来介绍南方电网互联网统一服务平台的开发方案。

4.3.1　后台开发

后台开发就是服务器端开发，在服务器端运行着功能不同的系统，如数据存储系统、运维监控系统、运营统计系统等。由于南方电网涉及的业务范围广、数据量大，因此统一服务平台采用集群的设计。本节将从四个方面对南方电网的集群设计进行介绍。

（1）静态资源与动态资源分离设计。

将应用服务中的静态资源与动态资源分离部署，静态资源部署在静态资源集群组中，静态资源包括 HTML、JS、CSS 样式、图片、音频文件等。不同应用的静态资源部署在不同的本地目录下。静态资源本地文件系统提供了 I/O 的高带宽和高稳定性。

（2）上传的图片资源分布式存储。

用户上传的个性化头像、非隐私图片等非结构化数据，通过 TOMCAT 中间件上传后，存储到分布式文件系统中，用户可直接访问分布式文件系统并下载大对象图片数据，进一步降低应用服务中间件的访问压力。分布式文件系统使用 fastDFS 系统构建，具有良好的横向扩展性。

（3）集群分组设计。

根据应用服务的复杂性和稳定性要求，划分应用集群分组，详细说明如下。

- 对于负荷大的应用服务，可通过配置多组应用集群扩展应用服务能力，如对于微信主程序，可以配置两组集群，两组集群负载由负载均衡器调度；
- 对于频繁变动的应用服务，可配置独立的应用集群，避免影响其他应用服务能力，如微信活动集群独立分组；
- 动态资源与静态资源服务集群分组，避免因为使用昂贵的中间件资源提供静态资源服务而降低中间件的服务能力。

（4）会话内存库共享设计。

动态应用服务使用集群配置以实现高可用，但是当节点故障时，将导致该节点的登录会话失效，从而影响用户体验，会话内存库的实现要点如下。

- 动态资源应用集群节点，使用分布式内存库管理会话，避免因节点故障而出现登录会话失效的情况；

- 同个分组的应用集群内节点，使用同一套 Redis 会话标识机制，如 Redis 会话 Key 值同前缀等方式，避免不同集群之间的会话冲突。

下面以微信应用集群架构设计为例说明南方电网应用集群的架构设计，微信应用集群架构设计如图 4-7 所示。

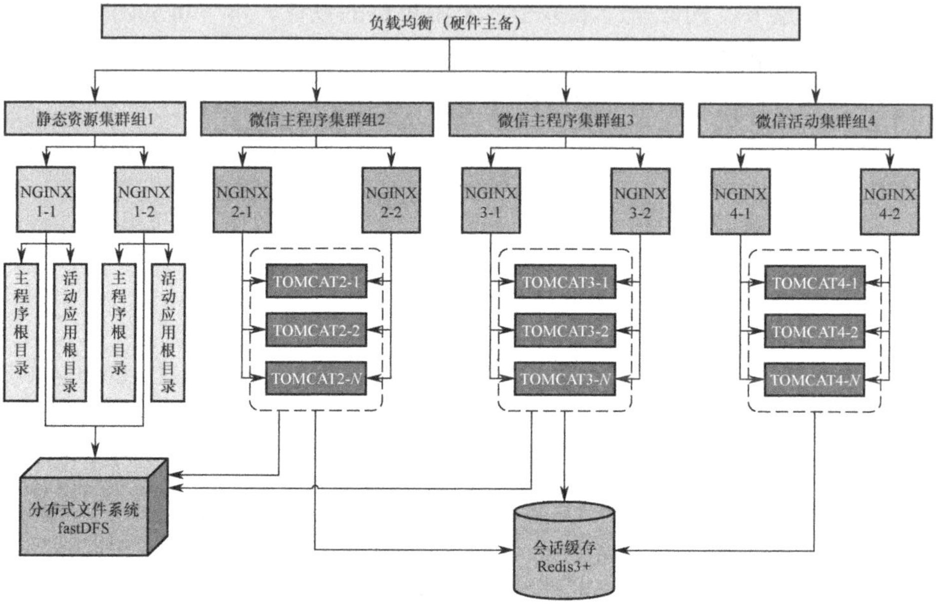

图 4-7　微信应用集群架构设计

部署在公共服务云中的应用集群，采用如图 4-7 所示的集群架构，应用服务采用多个集群组的方式提供服务，分为静态资源集群组 1、微信主程序集群组 2、微信主程序集群组 3 和微信活动集群组 4，具体说明如下。

- 利用 NGINX 提供高性能的静态资源服务；
- 利用 NGINX 提供高性能的大对象流式数据访问服务，降低应用中间件的访问压力；
- 微信主程序功能复杂，通过配置多组集群的方式提供高性能的动态服务，多组集群具有良好的横向扩展性；
- 微信活动不定期发布，单独部署微信活动集群组，将其从微信主程序集群中分离，既保障了主程序的稳定性，也提供了良好的微信活动横向扩展性，支持并发处理。

4.3.2　中台开发

构建业务中台的基础是共享服务体系，我们需要先了解什么是 SOA。SOA 的中文名是面向服务的架构，其在本质上是一种粗粒度、松耦合的服务架构，与现在热门的微服务架构的本质是类似的。SOA 的核心价值就是服务重用，其主要有如下几个特性。

（1）面向服务的分布式计算。

（2）服务间的松耦合。

（3）支持服务的组装。

（4）服务注册和自动发现。

（5）以服务契约方式定义服务交互方式。

从本质上说，微服务是 SOA 演变后的一种形态，其与 SOA 在方法和原则上没有本质差别。总体来说，中台其实就是一个共享服务的体系结构，使用共享服务体系开发中台是一个不二选择。我们需要在日常的开发过程中将通用的服务抽离出来，将其并入共享服务的体系结构，大中台、小前台的体系结构可以使管理更加高效、小团队更加扁平化，资源的共享可以让开发更加敏捷，开发人员能够更清楚地知道需要做什么、该怎么做。

南方电网互联网统一服务平台总体采用微服务架构，如图 4-8 所示。微服务在运行时注册到微服务管理中心中，从而实现微服务动态路由。在运行过程中，其实时输出微服务监控消息到消息队列中，系统监控处理服务获取服务监控指标后，提供给系统维护应用集群，实时展示给运维人员。

南方电网互联网统一服务平台由以下几部分组成。

（1）微服务网关：微服务网关分组部署，根据微服务网关的负载能力、微服务的业务复杂性和频繁性，将其划分为多个微服务集群。根据具体微服务的访问负载，将不同的微服务集成为不同的微服务网关集群分组，提升微服务集群的服务质量。详细说明如下。

- 对于特别频繁的微服务，可以独立分配微服务集群分组，如电费查询微服务；

■ 对于复杂的微服务，其服务调用时间长，占用系统连接资源，也可以独立分配微服务集群分组，如业扩报装微服务；

■ 每个微服务网关使用双活配置，避免微服务网关单点失败。

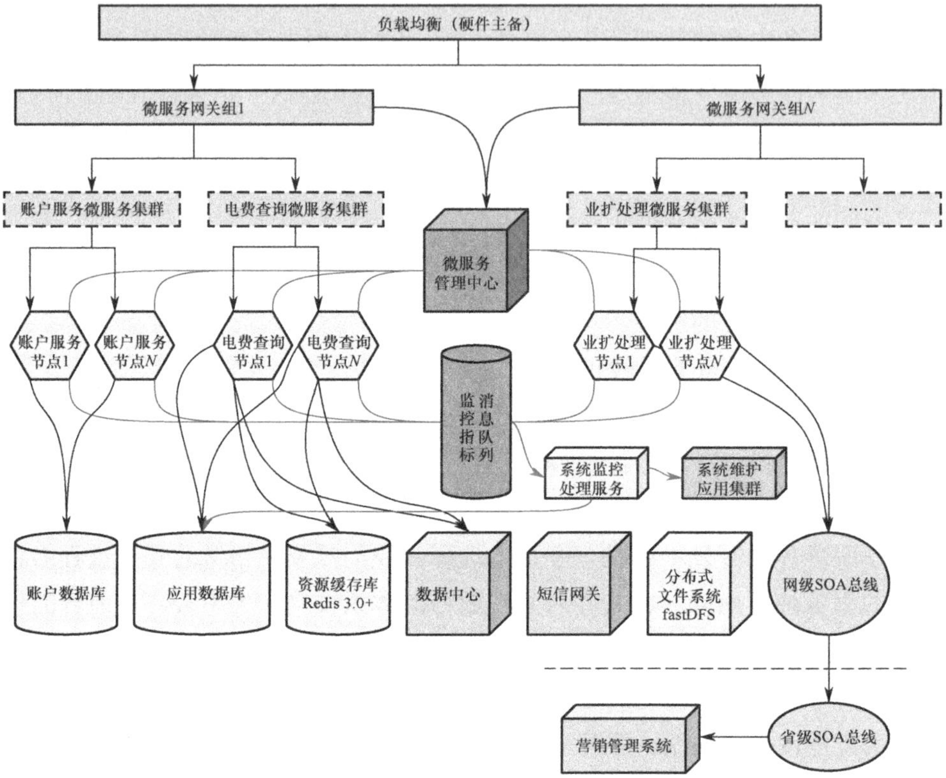

图 4-8　南方电网互联网统一服务平台微服务架构

（2）微服务管理中心：微服务采用容器部署或静态部署，微服务在运行时，均需要在微服务管理中心注册，并获取微服务运行的配置信息。微服务使用容器技术实现负载动态均衡和资源优化，微服务管理中心主要实现以下功能：

■ 微服务配置信息管理。每个微服务在启动时，通过微服务管理中心注册服务实例，并获取微服务配置信息；

■ 在微服务运行过程中，当配置中心的配置变更时，相应的微服务接收配置变更通知，在线更新服务配置信息，修改微服务运行参数；

- 微服务管理中心及时将微服务实例变化情况通知对应的微服务网关，优化微服务网关的负载均衡策略，如增加微服务实例等。相应的微服务网关可以增加负载均衡节点，动态横向扩展微服务负载。

（3）系统维护模块：微服务在运行过程中，将实时输出服务质量等运行指标信息（如周期调用数、失败数、平均延时、最大延时等），通过告警时间或图表的形式展现当前环境中微服务运行情况。统一服务平台使用微服务架构，系统可根据微服务的负载情况，动态实时地调整微服务运行实例，因此，系统维护工作需要依赖实时运行状态来进行。

- 微服务在运行过程中实时输出相关运行指标，以便运维人员了解各微服务组件的运行情况；
- 通过监控视图展现所有微服务的运行情况指标时域曲线，监控微服务运行指标趋势，预防重大故障的发生；
- 系统维护模块不仅收集统一服务平台微服务运行的状态信息，还收集多渠道业务应用节点和资源层数据库节点、内存库节点、SOA 总线等用户服务全链路节点的状态信息，动态显示系统全链路服务运行的健康状况，在某服务发生异常时，能够通过“功能—服务”关系显示受影响的功能视图等；
- 在系统发生异常时，可通过短信平台下发短信通知，及时通知运维人员处理系统故障，提升系统服务质量。

（4）资源服务模块：包括账户数据库、应用数据库、资源缓存库、分布式文件系统等，还可通过调用其他系统实现业务功能，如短信平台和 SOA 服务总线等。

4.4 本章小结

本章介绍了南方电网互联网统一服务平台的后台构建、中台构建和应用开发。其中，后台构建及中台构建部分详细叙述了平台的结构及开发所用到的框架技术。互联网统一服务平台将南方电网的各平台统一起来，为客户提供了更优质的服务。

参考文献

[1] 胡圣. 移动互联网统一计费平台的设计与实现研究[J]. 电子技术与软件工程，2015(19)：86-86.

[2] 何菲. 中台战略能否重构阿里[J]. IT 经理世界，2016(06)：21-23.

[3] 徐刚. 基于企业中台的全渠道场景化营运研究[J]. 信息通信，2017(08)：268-269.

[4] 汪旭晖，张其林. 多渠道零售商线上线下营销协同研究——以苏宁为例[J]. 商业经济与管理，2013(09)：37-47.

[5] 廖湘科，谭郁松，卢宇彤，等. 面向大数据应用挑战的超级计算机设计[J]. 上海大学学报（自然科学版），2016，22(01)：3-16.

[6] 高晶. Dynatrace 携手华为推动电信业客户体验管理深度变革[J]. 计算机与网络，2016，42(z1)：117-117.

[7] 王玮. 新常态下连锁零售业向“互联网＋”转型的战略对策分析[J]. 市场周刊，2015(12)：53-54.

[8] 贺飞，范新伟，林霖. 采用云计算技术搭建符合 NGOD 架构的高清交互后台支持系统[J]. 有线电视技术，2012(09)：33-37.

[9] 宋应生，孙凯生，李江，等. CIMS 中底层网络服务器前后台软件环境的建立[J]. 航空制造工程，1994(12)：31-33.

[10] 苏思韵. 浅谈如何提高站端自动化后台信息修改准确率[J]. 科技展望，2015(20)：162.

[11] 刘铭威，德湘轶. 嵌入式 TCP/IP 协议单片机技术在网络通信中的应用[J]. 南方农机，2018，49(11)：122.

[12] 姜文，刘立康. 基于持续集成的 C/C++软件覆盖率测试[J]. 计算机技术与发展，2018，28(03)：37-41.

[13] 彭文蕊，谢辉. 南方电网支付宝生活号上线深圳用户可“刷脸”过户[DB/OL]. http://www.chinapower.com.cn/dwyxfw/20180810/118633.html.2018-08-10.

[14] 数通畅联. 企业大中台策略剖析[EB/OL]. https://www.jianshu.com/p/34f5b405d242.2018-12-12/2019-4-8.

[15] 朱祺. 泛在电力物联网分析——国网的大中台战略[EB/OL].http://www.

chinasmartgrid. com.cn/news/20190327/632327.shtml.2019-3-27/2019-4-8.
[16] 周兰兰. 电信企业 IDC 机房建设探讨[J]. 通信与信息技术，2018(04)：49-50.
[17] 杨磊. 浅析 DMZ 区技术在房产登记网络安全中的应用[J]. 科技经济导刊，2017(10)：32+30.
[18] 徐朋飞. 基于 MongoDB 和 Hadoop 的模型转换引擎实现方法研究[D]. 南京：南京大学，2015.
[19] 韩佼男. 浅谈微服务架构在企业信息系统构建中的应用信息[J]. 中国管理信息化，2018，21(02)：53-54.
[20] 李春阳，刘迪，崔蔚，等. 基于微服务架构的统一应用开发平台[J]. 计算机系统应用，2017，26(04)：43-48.
[21] 熊肖磊，王春伟，赵炯，等. 基于 Redis 与 SSM 的大型设备数据运用系统设计[J]. 现代机械，2018(06)：29-34.
[22] 朱帅. 基于 FastDFS 的云存储文件系统性能优化设计与实现[D]. 南京：东南大学，2017.

第5章 南方电网的成果和下一步发展

面对复杂严峻的外部形势和繁重艰巨的改革发展任务，南方电网始终牢记“央企姓党”，始终坚持“人民电业为人民”的企业宗旨，积极履行政治责任、经济责任、社会责任，以供给侧结构性改革为主线，扎实推动各项改革，为南方五省区经济社会持续健康发展提供了牢固的电力支撑，并大力推行“互联网+”电力服务，整合全网网上营业厅、微信公众号等互联网服务渠道，打造了南方电网互联网统一服务平台。本章主要介绍南方电网目前的成果和下一步的发展。

5.1 目前取得的成果

5.1.1 人民电业为人民

在电力供应方面，建好管好电网是电网企业的职责所在，也是南方电网生存和发展的重要基础。为此，南方电网统筹推动各级电网协调发展，优化主网、做强配网、升级农网，为决胜全面小康贡献南方电网力量。网内的电力营商环境不断优化，在粤港澳大湾区涉及的 9 个城市中新增报装容量不超过 200 千伏安的客户全面实现接电“零投资”。南方电网还配合政府大力实施电网收费清理、降低一般工商业电价及电力市场化交易等多项举措，降低用户用电成本约 180 亿元。

值得注意的是，随着近年来电力供需形势发生根本性变化，人民群众对供电服务有了更多的新需求和新期待。南方电网深刻认识到“服务就是以大局为重，以客户为尊，这是电网企业的根本特征，是电网企业赢得市场的制胜之道”。

近年来，南方电网在体制、机制、业务、技术等方面下功夫，深化客户全方位服务机制，树立全员服务和主动服务理念，切实解决客户停电多、电压低、抢修慢、业扩流程复杂的问题。通过一系列改革措施，将南方五省区用电报装时间缩减了 40%以上，申请用电报装所需的客户盖章由原来的 21 项减为 6 项，切实优化和改善供电领域营商环境；同时，执行新的业扩投资界面标准，将投资界面延伸至用户规划用地红线，打通供电服务“最后一公里”；试点实施电、水、气多表集抄应用，积极探索数据共享商业模式，实现了抄表、账单、缴费“三联合”；在电子渠道首次推出“智能机器人客服+人工在线客服”的在线服务，快速响应客户需求，实现 24 小时不间断服务，向智能化迈出关键一步；大力推行“互联网+”电力服务，整合全网网上营业厅、微信公众号等互联网服务渠道，打造全网互联网统一服务平台，客户接近 1000 万人。

1．南方电网互联网统一服务平台

南方电网互联网统一服务平台于 2016 年上线，实现了南方五省区电子渠道的服务品牌统一、客户权限统一、服务功能统一和后台管理统一，有效解决了各省级电网公司由互联网服务渠道不统一造成的服务标准不同、品牌不一致、客户重复注册、渠道功能不全和后台数据不共享等问题。目前，该平台已接入了网上营业厅（www.95598.csg.cn）、掌上营业厅（南方电网 App）、“南方电网 95598”公众号、“南方电网 95598”小程序四大渠道，拥有近 1800 万用户，涵盖了实体营业厅 95%的业务，基本实现客户办理常规业务“一次都不跑”。

用户只需在南方电网互联网统一服务平台注册一个账号，就可以通过网上营业厅和“南方电网 95598”微信公众号同时管理广东、广西、云南、贵州、海南、广州、深圳 7 个地区的房产用电情况。通过该平台，用户可以享受电费查缴、业务办理、停电报修、网点查询、电价信息等近十个便民服务。

南方电网互联网统一服务平台的上线是南方电网加快推进传统用电业务与互联网融合创新，推进“互联网+电力服务”的重要举措。

2. 南方电网移动平台

2018年，南方电网为进一步丰富统一服务平台的渠道，推出全新的南方电网App，客户可随时随地享受到更便捷的移动服务。该App支持多个用电账户一号管理，用户只需注册一个账号，即可同时管理五省区房产用电情况。

南方电网App于2018年5月正式上线，广大用户足不出户、动动手指，即可办理各类用电业务。该App涵盖电费查缴、停电信息查询、欠费复电、业务进度查询、故障报修、营业网点查询、用电新装与业务变更等内容，实现了全业务覆盖。

南方电网App是南方电网互联网统一服务平台的主要渠道之一，是公司大力推广互联网服务的具体体现。推广互联网服务是贯彻落实公司2018年工作会议精神、进一步优化电力营商环境、提高线上报装办电率的一项重要措施。

为更好地满足客户多样化、个性化的电力需求，公司将进一步推进营销创新，深化互联网统一服务平台的建设和应用，推动互联网与传统业务深度融合，不断提高线上业务的比例。

5.1.2 积极转型综合能源服务商

近年来，随着能源互联网技术的发展，综合能源服务在全球迅速发展，引发了能源系统的深刻变革，成为各国及各企业新的战略竞争和合作的焦点。自2017年以来，南方电网广东公司相继成立了有关能源技术服务、综合能源投资及售电的3家省级公司，形成“优势互补、互惠互利”的投资项目合作模式，通过多种方式，满足用户的电力需要，树立综合能源服务品牌，这标志着南方电网广东公司在由传统电网企业向综合能源服务提供商的转型中迈出了重要一步。

1. 推广分布式储能，电网转型“节能管家”

2017年10月31日，东莞市五株电子科技有限公司（简称“五株电子厂”）用户侧分布式储能系统正式投入使用，该项目是南方电网广东公司首个通过市场化模式推动的10千伏并网的电化学电池分布式储能系统项目，一年可为客户节电近百万千瓦时，节约用电成本 72 万元。在一个 40 英尺的集装箱内，3584 个单体电芯（共 224 个电池模块）并联组成了电池系统，根据五株电子厂的用电习惯，该储能项目设置每天实行“两充两放”。两次充电分别选在电价低谷的 0：00～8：00 和电价平段的 12：00～19：00，放电则在电价高峰 9：00～12：00 和 19：00～22：00 两个时段。一次充满可放电 1300 千瓦时，两次就是 2600 千瓦时。

对于该储能系统项目，五株电子厂设备部经理刘湘波表示，企业用电量大，必须要想办法节能降耗，经过升级，目前企业设备可改造的空间已经不大。系统设置在电价谷段和平段充电，在电价峰段放电，电费差价可观。

适合建开展储能系统项目的企业要求为用电量大的电子、陶瓷、机械加工等类型的企业，五株电子厂正好符合这些条件。通过本项目应用示范，南方电网广东公司拟在全省试验示范一批具有产业化潜力的储能技术和装备，探索具有广阔商业化推广前景的分布式智慧储能建设运营商业模式。其为新型能源结构转型做出示范，实时响应国家电网“源—网—荷”友好互动调节的号召，创新能源互联网模式。

自 2017 年以来，南方电网广东公司投资近 9800 万元，推动湛江徐闻盐场盐光互补光伏等 9 个综合能源项目的落地，包括电池储能电站在内的 3 个项目已进入实施阶段。

2. 电、水、气多表集抄，家庭用能“明明白白”

对于每个月家里用了多少电、水、天然气，洗澡是用电划算还是用天然气划算，很多家庭可能算不清这笔账。在佛山，南方电网广东佛山供电局推出电、水、气联合抄表、联合账单、一键缴费，让居民用能“明明白白”。

自 2017 年 2 月起，南方电网广东佛山供电局试点实施电、水、气多表集抄应用，通过自主专利的通信接口转换器，将用能数据上传至集中器，再通过集中器将电、水、气的 3 组数据上传至服务器，通过服务器主站一次性同时抄读 3 组数据，实现表计读数的自动采集。首个示范小区保利紫山绿琴花园已接入电、水、气表合计 1132 只，采集数据的完整率已达到 100%。多表集抄建设作为综合能源服务的一项重要技术支撑，是佛山建设智慧城市的一项重要内容，也是建设跨行业能源数据集成平台、积极探索家庭用能数据共享的有益尝试。

目前，佛山南海示范小区已经实现了水、电、气同时抄表，避免各自采集带来的重复建设；推出了电、水、气联合缴费通知单，方便客户快速掌握家庭用能信息；联合第三方缴费平台，实现客户一键缴纳电、水、气费用，实现缴费资源共享与互通。同时，其形成了创新的竞争性业务运营模式，2017年4月，南方电网广东佛山供电局收到第一笔来自供水公司的代抄表费用，实现了多表集抄竞争性业务收入"零"的突破。

截至2017年年底，该应用覆盖佛山五区，安装电、水、气表合计1万只，数据完整率达99%。南方电网大力推进与水、气企业的深度合作，积极融入"互联网+"智慧能源城市建设，让能源提供商和广大客户都能享受技术革新带来的便利，实现综合能源服务不断拓展、商业模式不断创新，成为国内综合能源服务标杆示范基地。

3. 太阳能"充电"，电动公交车"跑起来"

高明区的荷城充电站拥有74套整齐划一的充电桩，各桩体均统一印有蓝色的"中国南方电网"标识，顶棚上是闪闪发光的太阳能光伏发电板。这是高明区最大的公交站场，2000平方米的光伏发电顶棚，不断地将接收到的太阳能转化为电能，通过并网发电输出到充电桩中。

此外，富湾站、明城站、合水站和更楼站4个公交客运站均有充电桩站点分布。南方电网广东佛山高明供电局投资了1900万元，新建了100套充电桩，可供200辆纯电动公交车使用，可以满足高明区所有电动公交车的用电需求。

5.1.3 平台带动价值链绿色发展

节能减排已经成为世界性话题。南方电网勇担能源行业央企责任，践行绿色发展理念，充分发挥电网资源优化配置平台作用，在保障自身低能耗、低排放运营的同时，努力带动上下游价值链成员开展节能减排行动，并在促进清洁能源消纳、推动能效提升等方面走在前列。

在能源供给侧，南方电网积极发挥区域资源优化配置平台作用，实施"清洁替代"，推动能源结构从以化石能源为主向以清洁能源为主转变。自2010年起，南方电网全面启动绿色发电调度，优先安排高效、清洁机组发电，仅

2016 年就减少标煤消耗 1117 万吨，折合减排二氧化碳 2971 万吨。南方电网于 2017 年研究出台了 2017 年云南水电消纳 20 条措施，被国家发展改革委员会纳入国家 2017 年重点水电跨省区消纳工作方案；灵活调剂省间电力余缺，实施“拉水腾库”，增送云南富余水电 148 亿千瓦时，为汛期最大限度地消纳富余水电创造了有利条件；大力支持新能源有序协调发展，2016 年，全网风电、光伏发电量分别同比增长 50%、152%，基本全额消纳。

节能减排是全社会面临的问题。作为社会主体，优秀的企业开展节能减排不应只局限于企业本身，还应发挥其独特优势，带动价值链整体能效的提升。为此，南方电网在能源需求侧推动电能替代工作，以电能替代煤炭、燃油、天然气等化石能源。2016 年，南方电网开展电能替代项目 362 个，不仅涉及电力企业本身，还包括港口、院校、公安、司法等诸多行业，全年共节约需求侧电量 24.15 亿千瓦时，节约电力 56.22 万千瓦。南方电网连续四年超额完成国家“两个千分之三”的需求侧管理目标，为南方五省区绿色低碳发展做出应有的贡献。

作为环境保护的行动者，南方电网认真贯彻落实国家节能减排工作部署，按照国资委央企节能减排工作要点，全面完成各项工作任务和指标，成效显著，得到了国家有关部委和各地方政府的充分肯定。

1.“用”——发展使用清洁能源

一直以来，南方电网坚持清洁低碳的绿色发展理念，大力支持可再生能源发展，建立清洁低碳的现代化能源体系，深入实施西电东送战略，提升对清洁能源的消纳能力。

截至 2017 年年底，南方电网清洁能源装机容量达 1.49 亿千瓦，占总装机容量的 52.6%，清洁能源发电量为 4887.9 亿千瓦时，占总发电量的 51.1%，远高于全国水平；全网风电、光伏发电量同比分别增长 30%、71%；全年完成云南西电东送电量 1242 亿千瓦时；强化清洁能源调度管理，减少标煤消耗 1766 万吨；分别减排二氧化碳、二氧化硫 4698 万吨、34.6 万吨。

2018 年 5 月 28 日，南方电网正式发布《南方电网公司 2018 年清洁能源调度工作方案》及《南方电网清洁能源调度操作规则（试行）》，从调度操作层面提出了 41 条消纳清洁能源的具体措施，全面落实国家及公司关于清洁能源消纳的要求，推动能源生产和消耗革命。这是南方电网首次把清洁能源调度工作制度化、规范化，也是公司进一步推动清洁能源消纳的重要举措。

滇西北至广东±800 千伏特高压直流工程是落实国务院大气污染防治行动计划的 12 条重点输电通道之一。该工程在全面投产后，每年可向广东输送清洁能源约 200 亿千瓦时，减少标煤消耗约 600 万吨、二氧化碳排放量约 1600 万吨、二氧化硫排放量约 12 万吨。

2．“挖”——深挖电网节能潜力

南方电网坚持节约优先，树立节约、集约、循环利用的资源观，积极推进节能技术应用，从提升线损精益化管理水平、推广变电站绿色照明、提升办公节能精益化管理水平、积极推进碳资产管理与交易等多角度入手，深入挖掘电网节能潜力，提高公司经营效益。

以变电站绿色照明为例，南方电网已完成智能变电站标准设计和典型造价修制订工作，将绿色照明纳入变电站标准设计，并按计划推进 500 千伏、220 千伏老旧变电站的绿色照明改造工作。在绿色照明产业链方面，南方电网 2017 年共开展 275 个变电站照明改造项目，设计了 20 余种变电站绿色照明典型设计方案，并在中山 500 千伏文山变电站试点推广应用。其中，广州罗涌变电站绿色照明改造项目还获得“广东省十佳节能改造项目”称号。

3．“促”——促进电网与环境协调发展

南方电网遵循国家环境保护各项规章制度，建立健全环保风险防控体系，实行绿色规划、设计、施工标准，减弱电网建设和运行对环境的影响。

2017 年，南方电网完成为期两年的环保风险治理专项行动，475 项环保风险点全面整改完毕；完成 9 项重大变动项目补充环评工作，基本消除了存量环保风险；严控增量环保风险，开展环境影响评价备案工作，编制印发了相关规范文件；于 2017 年纳入公司总部备案的已开工基建项目在开工前均已取得环境影响评价批复，批复率达到 100%。

此外，南方电网拥有国内规模最大、处理能力最强、设备最完善、检测手段最齐备的 SF6 回收处理中心。截至 2017 年年底，该中心共回收处理 SF6 气体 140 多吨并将其全部循环利用，相当于减排二氧化碳 300 多万吨。

4．“推”——大力推进电能替代

南方电网充分发挥自身对产业和社会的带动力，加强需求侧管理，推进电能替代和电动汽车，推广能源综合利用，提升全社会终端能源使用效率；全面推进“一主两翼•国际拓展”产业发展布局，推动节能环保产业发展，逐

步向综合能源服务公司转型。

南方电网大力推动电动汽车充电基础设施建设：重点投资城际快速充电网络、重点城市公共服务领域、公司系统内部充电基础设施；搭建珠三角城际充电网络、海南岛环岛充电网络，打通北京至珠三角高速充电网络；积极开发充电智能服务平台、电动汽车充换电运营管理系统，全面整合南方五省区电动汽车充电设施信息。2017 年，南方电网新建充电站 225 座、充电桩 4992 个，为五省区的绿色电力出行带来了更多的便利。

同时，南方电网还全面开展电能替代工作，编制印发了《南方电网公司“十三五”电能替代发展规划》，指导与推进公司各单位全面推进电能替代工作，2017 年全年完成电能替代项目 4232 个。

5．“升”——促进提升用户能效

南方电网在推动节能方面多措并举，一方面，积极推出平台实用化应用，在能效提升上加大力度；另一方面，在各地开展节能宣传讲座、研讨班、网络咨询。此外，其围绕绿色环保主题，深入企业、商场、学校等地进行知识传播教育，紧扣十九大精神，践行绿色能源理念。

2017 年，南方电网全年累计开展节能宣传 4291 次；举办节能降耗交流研讨班 79 期；开展节能咨询 9841 次；开展节能服务项目 10674 个；为 64 家客户提供高端节能诊断；客户侧节约电量 12.1 亿千瓦时；南度度节能服务网网聚 34 个省市的 1923 家注册企业；撮合节能交易 39 亿元，形成“网上节能产业集群”。

展望“十三五”，南方电网将继续深入践行绿色发展理念，持续加大对节能减排的创新和投入力度，力争到 2020 年，万元产值综合能耗降至 0.151 吨标煤/万元，二氧化碳排放量降至 3208 万吨。同时，充分发挥央企在节能环保工作中的带头作用，致力于帮助上下游产业链乃至全社会降低碳排放，更好地担负起守护蓝天、碧水、青山的职责，为建设美丽中国做好绿色支撑。

5.1.4　科技创新攻克世界难题

作为关系国民经济命脉、国家能源安全的国有骨干企业，南方电网当好创新驱动发展的排头兵，取得一批重大科技突破，为创新型国家建设贡献了南方电网力量。

1. 南澳±160 千伏多端柔性直流输电示范工程

在广东汕头南澳岛上，有 200 多台耸立的大风车迎风转动，南澳±160 千伏多端柔性直流输电示范工程就位于风车脚下的青澳湾。自 2013 年 12 月投运至 2017 年 10 月，南澳直流项目已向汕头城区输送清洁风电近 8 亿千瓦时，同时可以减少 5%～10%的风电损耗。

2013 年 12 月 25 日，随着南澳多端柔性直流输电工程现场总指挥一声令下，南澳岛上青澳、金牛两个换流站与汕头澄海区的塑城换流站完成了三端投产启动，这标志着南方电网攻克了多端柔性直流输电控制保护这一世界难题，成为世界上第一个完全掌握多端柔性直流输电成套设备设计、试验、调试和运行全系列核心技术的企业，建成了世界上第一个多端柔性直流输电工程，在中国乃至世界电力发展史上具有划时代的重要意义。

在国际上，目前尚无多端柔性直流输电工程的实践经验。南澳±160 千伏多端柔性直流输电示范工程是我国继±800 千伏特高压直流输电工程之后，在国际直流输电领域取得的又一重大创新成果，为远距离大容量输电、大规模间歇性清洁电源接入、多直流馈入、海上或偏远地区孤岛系统供电、构建直流输电网络等提供了安全高效的解决方案，推动国际直流输电技术实现了新突破。工程所有核心设备及控制保护系统均为国内首次研发，具有 100%自主知识产权，对推动我国电力工业和装备制造业发展、保障电力安全可靠供应具有重要意义。

2. 云南电网与南方电网主网鲁西背靠背直流异步联网工程

南方电网在科技实力上的突破远不止于此。2017 年 6 月 26 日，世界上首个采用大容量柔性直流与常规直流组合模式的背靠背工程——云南鲁西背靠背异步联网工程正式投产。在技术创新上，该工程不仅实现了自主化率 100%，还创造了电压等级最高、容量最大等多项电力行业的世界之最，是南方电网科技创新的重要结晶。该工程投产后，增加了云南外送水电 30 亿千瓦时，同时进一步保障了南方电网主网架供电安全。

异步联网是指为提高主网架供电可靠性，对云南电网与南方电网主网实施异步联网，包括北通道和南通道。鲁西背靠背换流站为北通道，云南电网公司观音岩直流工程为南通道；柔性直流输电技术在我国的探索运用，是因为柔性直流控制更灵活，电能质量更高，配套的换流站占地也更小，对于带动输变电行业的产业结构升级有着十分重要的作用。

（1）电网多了道“防火墙”，安全更加可控。

背靠背直流异步联网工程就是把整流、逆变两个换流站建在一起，中间没有直流线路。南方电网科研院直流输电研究所副所长许树楷说：“就像火烧连营一样，在不同的营房之间，加了一堵‘防火墙’，这样即使一个营房起火，也不会影响其他营房，电网运行的安全性得以提高。”鲁西换流站一端连接南方电网主网，一端连接云南电网，这里就是那道“防火墙”。

背靠背直流异步联网工程把两个换流站建在一起，目的是提升电网安全的可靠性。截至 2016 年 7 月，南方电网已经建成了 17 条西电东送输电大通道，最大送电能力达到 3950 万千瓦，电量越大、送电距离越远、电网越复杂，任何一侧发生故障，都有可能会互相影响。

（2）引领提升中国柔性直流输电技术装备制造水平。

因为没有先例，该工程所有的技术都是我国自主研发的，也创造了多个“世界第一”。南方电网超高压公司异步联网项目部经理任成林说：“一个是在世界范围内第一次采用了常规和柔性直流单元的并联运行；另一个是柔性直流单元容量达 1000 兆瓦、直流电压达±350 千伏，容量和电压都是世界第一。”鲁西背靠背直流异步联网工程是目前世界上首次采用大容量柔性直流与常规直流组合模式的背靠背工程。

“以前听说欧洲搞过异步联网，当时觉得很厉害，在短短几年之后，我们也有了自己的异步联网，不仅用了最先进的柔性直流技术，而且是国内自主研发的，从技术到设备，都是我们中国人自己完成的，连国外专家来考察时都惊叹于我们的速度，感觉特别骄傲。”任成林说道。

由于是首次采用高压大容量柔性直流技术，工程所需的柔性直流换流阀及阀控等主设备均属国内首次研制，无成熟的经验可借鉴，生产周期短，有诸多技术难题需要攻克。为确保设备的质量、进度满足工程建设要求，南方电网全面加强技术规范编制、招标采购、合约品控、大件运输等各环节全过程管控，在原材料来源、生产工艺控制等方面严把质量关。

项目部负责人对此表示，这不仅能够促进高压大容量柔性直流输电设计技术、试验技术、装备制造业的发展创新，而且能够大大提升我国柔性直流输电技术水平和装备制造水平，引领世界直流输电领域的发展方向。

重大工程于科技创新是一把“利剑”，也是实现伟大复兴中国梦的坚强支撑。“南方电网有责任、有义务担负起自主创新的重任，有能力、有条件做自主创新的表率，有信心、有决心打造安全、可靠、绿色、高效的智能电网，在助力全面建成小康社会上有所作为。”

多年沉淀，灿然花开。南方电网让世界看到了中国的科技力量。公司攻破世界难题，打造出两张国际名片：特高压和柔性直流，展示了中国企业创新的自信。在世界电力行业标准上，也出现了越来越多的“南网名片”：

- 牵头承担国家863计划等重大科研项目27项，在柔性直流输电、大容量储能、主动配电网、电动汽车运营管理、分布式供能与微网等领域取得了一批重大成果；
- 研制出世界首套多端柔性直流输电系统、国内首台500千伏超导限流器、国内首个特高压直流换流阀等系列科研产品；
- 建成世界首个±800千伏特高压直流输电工程——云广直流、世界首个多端柔性直流输电工程——南澳直流，承担多项IEC相关国际标准制定，推动我国直流输电从高压到特高压的跨越式发展，打破国际技术垄断，在国内构建起柔性直流输电完整产业链；
- 在世界上首次提出发展特高压±800千伏直流输电技术，攻克了特高电压、特大电流下的绝缘特征、电磁环境、设备研制、试验技术等世界级难题，该技术荣获2017年度国家科技进步奖特等奖，这是我国特高压输电技术获得的第二个国家科技进步奖特等奖。交直流并联大电网运行控制技术成果获广东省科学技术特等奖，累计有效专利已突破1万件。

总而言之，科技创新正在成为南方电网迸发活力乃至催生变革的独特路径。

5.1.5 改革“试验田”结出硕果

作为我国上一轮电力体制改革的产物，南方电网因改革而兴、因改革而强，改革可谓是其与生俱来的基因。目前，改革进入全面深化的关键时期，南方电网充分发挥地处改革开放最前沿的优势，认真贯彻中共中央、国务院《关于进一步深化电力体制改革的若干意见》《关于深化国有企业改革的指导意见》的部署要求，解放思想、敢闯敢试，勇当改革的促进者和实干家。多个“全国第一”在这片改革“试验田”涌现，为在国家层面推进改革提供了重要实践经验。

1．“破冰”输配电价改革，还原电力的商品属性

2014 年，南方电网在深圳启动了全国首个输配电价改革试点，探索建立并不断完善“准许成本加合理收益”电价机制及配套办法，首次明确了输配电资产的边界和规模。目前，南方五省区输配电价核定已完成，输配电价改革实现全覆盖，有效保障输配电价机制的平稳实施。

扎实推进深圳前海混合所有制改革试点工作，打造增量配电网混合所有制企业样板。2015 年，南方电网以开放的态度支持社会资本按照国家政策参与增量配电投资业务，全国首个增量配电混合所有制供电企业落户深圳前海。深圳前海蛇口自贸区供电有限公司的成立，是南方电网贯彻落实深化国资国企改革和电力体制改革精神的成果，为电网建设运营管理模式的创新发展及供电服务领域的混合所有制改革积累了经验。目前，该公司已实现供电、竞争性售电、综合能源服务三类业务的实体化运作，预计到 2020 年，自贸区客户年平均停电时间低于 2.5 分钟，达到国际顶尖水平。

2．大力推进电力市场化交易，积极释放改革红利

南方电网成立了 1 个国家级电力交易中心——广州电力交易中心和 4 个省级电力交易中心，通过市场机制实现电力资源的优化配置，促进省间余缺调剂和清洁能源消纳，逐步推进全国范围的市场融合。2017 年 6 月 9 日，广州电力交易中心推出国内首个跨区跨省月度电力交易规则，为电力市场化交易提供了制度保障。通过输配电价改革、扩大市场化交易、落实国家减税降费政策等方式，预计每年可减少南方五省区客户用电成本 468.6 亿元。

5.2　展望

面对国内外复杂多变的新形势及公司战略转型的新挑战，南方电网在接下来的工作中将始终坚持以习近平新时代中国特色社会主义思想为指导，全面贯彻落实公司工作会议决策部署。坚持战略引领，秉持“人民电业为人民”

的企业宗旨，恪守“为客户创造价值”的服务理念，提供客户服务新体验，创建营销管理新模式，培育营销发展新动能，持续夯实营销基础，强化服务创新，推动营销转型升级，构建现代供电服务体系，促进公司高质量发展，将公司建设成具有全球竞争力的世界一流企业。

5.2.1 落实国家战略，打赢三大攻坚战

央企姓党。“国家队地位”的企业定位，决定了公司营销工作必须进一步提高政治站位，坚决贯彻落实党中央有关决策部署，打赢三大攻坚战，进一步优化电力营商环境。

在防范化解金融风险方面，公司将充分利用信用体系建设来进一步强化电费回收管控，加强电价制度刚性执行，确保经营成果颗粒归仓。在污染防治方面，公司将严格执行省间优先发购电计划，深入挖掘东西部用电潜力，充分利用市场化手段，全力消纳清洁能源。在脱贫攻坚方面，公司将全面加强政企协作，加快城乡电力服务均等化进程，加强脱贫攻坚与乡村振兴统筹衔接，确保电力行业扶贫取得更大实效。

在优化电力营商环境方面，公司将狠抓优化电力营商环境措施的落实落地，实现低压非居民客户（小微企业）、高压单电源客户平均接电时间分别不超过 11 天、70 天，客户办理 22 项业务“一次都不跑”，广州、深圳努力打造“获得电力”示范单位，提升客户在用电服务中的获得感，服务实体经济发展；服务好粤港澳大湾区发展和海南自由贸易区（港）全面深化改革，不断提高办电效率、降低接电成本、提升服务水平，打造具有全球竞争力的电力营商环境。

5.2.2 紧扣新一轮发展，构建现代供电服务体系

当前，南方电网正处于战略转型的关键时期，高质量发展的核心任务是“搭建平台、整合价值、主导生态”。作为公司直接面向客户的窗口和连接电力供应商及电力客户的纽带，营销工作必然在产业链整合及生态圈搭建上占据重要地位。对此，南方电网提出，2019 年公司营销工作要围绕“新体验、新模式、新动能”开展，努力推动供电服务体系变革。

提供客户服务新体验。在移动互联时代，人们的工作、生活与互联网的联系越来越紧密。作为公共服务类产品的提供商，近年来，通过互联网平台，南方电网实现了近 70%的业务在网上办理，传统营业厅数量减少了 10%左右。下一步，公司将致力于打造行业领先的“互联网+电力服务”，不断探索把“互联网+”融入智能用电、智慧生活创新服务模式，实现全客户服务、全渠道覆盖、全业务承载和全流程贯通，让客户办理业务“一次都不用跑”。

建立营销管理新模式。在新技术应用推动工作方式发生转变后，管理模式必须跟上，才能让技术发挥真正的作用。南方电网将坚持“以客户为中心”，彻底改变计划营销模式，加快建立和完善适应内部管理和市场竞争需要的抄核收业务管理、营销智能化作业、稽查集约化管理等现代营销管理新模式。

培育业务发展新动能。改革往往在新旧动能转换中发挥着非常关键的作用。当前，电力行业也深处改革之中，它既带来了压力和挑战，也将对内部体制机制变革起到推动和促进作用。南方电网将深入研究“云大物移智”技术在营销业务中的应用，不断提高工作质量，降低服务成本，获取新的商机，用营销技术创新驱动业务转型升级，为企业创造效益；大力推进增供扩销，积极支持公司新兴业务发展，继续大力实施电能替代项目；推动传统电力营销业务与电动汽车、储能、节能等能源技术的同步发展，发挥好能源价值链整合商的渠道融合作用，为客户提供能源解决方案。

5.2.3　跟随科技脚步打造智能装备新形势

近年来，新一代智能技术不断彰显出强大的生命力，在智能机器人、智能安防、智能驾驶等行业得到了快速、广泛的应用，正在深刻影响传统产业发展。国家已将新一代智能技术提升到国家战略发展层面，频出政策推动能源互联网新技术、新模式和新业态的发展，推动我国经济加快转型升级。

南方电网时任领导在 2017 年度工作会议上提出：“要争取在一批关键能源技术上取得突破，加快应用新技术改造升级传统电网，积极推动能源产业链与互联网深度融合。”公司董事、总经理、党组副书记曹志安要求：“继续围绕公司生产运营关键技术难题，策划公司重大科技专项，推动高压大容量柔性直流技术、配网智能化、智能作业等重大课题攻关，尽早取得高水平成果。”在接下来的工作中，南方电网也将认真落实党中央对高质量经济发展的要求，强调新型智能技术与传统行业业务实施领域的深度融合，积极探索智能技术的研究和应用。

（1）智能产业迎来爆发式发展，智能技术在电力生产领域具有广阔应用前景。

智能技术包括云计算、大数据、物联网、移动互联网、人工智能等新一代科学技术，目前已广泛应用于智能电网、智能机器人等领域，逐步形成了完整的智能技术产业链，智能产业迎来爆发式发展。

随着电网规模的不断扩大，生产设备不断增长与人员数量逐步减少之间的矛盾日益突出，公司减员增效需求迫切，同时，传统电网生产管理模式在电网、设备、人身风险管控方面仍面临较大压力。

智能技术在电力生产领域多个场景中均有广阔的应用前景。以机器人技术为例，机器人可以逐步替代人工开展一些烦琐、危险的工作及人力无法完成的工作，应用场景主要包括输电线路无人机、机器人巡视，变电站机器人巡视、检修、操作，机器人带电作业、救灾应急、检测试验辅助等，并且应用场景正在不断扩展。此外，模式识别、物联网、智能监测、云计算、大数据分析、智能安防等技术的推广应用，对电力生产运维管理与决策、现场作业的安全管控具有颠覆式的意义。

目前，公司在生产领域开展了多项综合技术应用试点，智能技术试点应用取得初步成效。数据显示，目前全网共有44个变电站试点应用机器人自动巡检，少数变电站试点具备了部分程序化操作功能；广东电网公司拥有各类无人机、直升机共计4154架，试点建立了无人机智能巡检体系；广东电网公司中山供电局试点建设了智能变电站，超高压海口局试点建立了海缆的全天候立体防控体系，广东电网试点建设了配电网自愈控制技术示范区，广州供电局试点建设了11个新型智能化配电房，广东江门供电局试点建设了地区级生产指挥监控中心。

接下来，南方电网将按照“试点先行、以点带面、分步推广、结对共建”的原则，沿着点—面—区的推进路径，结合各单位的实际情况，制定差异化的推广策略。

广东、海南将成为智能技术全面应用的探路者。南方电网将以广东、广州、深圳为核心主体，率先突破，按照“四个走在全国前列”的要求，打造一流电网公司，到 2020 年，初步建成智能技术综合应用的省级示范电网公司，实现“六个全覆盖”：输电线路无人机巡视全覆盖、变电站机器人巡视全覆盖、输变电成熟状态监测技术应用全覆盖、各类灾害监测全覆盖、典型变电站程序化操作全覆盖、典型区域智能配电房全覆盖。同时，贯彻落实《中共中央国务院关于支持海南全面深化改革开放的指导意见》，加快海南电网智能化建设，实现弯道超越、跨越发展，到 2020 年，初步建成智能技术综合应用的省级示范电网公司。到 2025 年，打造其余五个综合应用省级电网公司，覆盖全省各地市供电局或发电厂。

（2）南方电网将从五个方面推动“智能装备，智慧运行”。

“通过智能技术在智能装备、现场作业、状态监测、态势感知、智慧运行等领域的应用，提高生产工作的效率与效益，化解设备不断增加与生产人员不足之间的矛盾，并通过技术手段从根源上控制安全风险，提升生产运行质量和设备健康水平。”南方电网生技部负责人表示，公司生产领域智能技术应用的总体目标是“提质增效”，具体目标是“智能装备，智慧运行”。

《智能技术在生产领域应用路线方案》确定了智能技术在南方电网生产领域的五个重点应用方向。一是智感、智测、智控的智能装备，通过装备设施的智能化，实现智感、智测、智控，为智慧电网奠定了实物基础；二是基于人工智能和移动互联网的现场作业，主要是指在操作、巡视、检修、带电作业等方面充分利用智能技术，提高作业效率、提升作业质量、降低作业风险等，实现巡视智能化、操作程序化、检修少人化、作业零风险；三是基于物联网和多源信息融合的状态监测，主要是基于物联网对生产运行中空间和时间维度的所有信息量进行采集、获取和筛选、甄别，以一次设备为中心，实现“中心建设全统一、多维数据全融合、状态监测全覆盖”，从而支持运维策略的科学制定；四是基于大数据和云计算的态势感知，主要是指基于云数据对设备设施的健康状态、发展趋势等进行多维度的大数据分析，依靠人工智能和神经元网络实现对状态的科学评价，并形成状态评价自动学习、持续迭代、自我完善的深度学习模型，实现知识的自我学习和成长，对设备的状态进行判断、预测、提示、预警等；五是基于智能驾驶舱的智慧运行，主要是指在物联网的基础上，综合发挥云计算、大数据的优势，灵活利用多种平台，集成多种智能技术，深化人工智能的应用深度和广度，搭建“设备状态可知、执行过程可视、作业环境可见、绩效指标可现”的生产全景可视化平台，建设“数据驱动、全景可视、智能决策、高效指挥”的智能化生产监控指挥中心，实现设备统一信息平台管理和全方位实时监测与展现，实现全网设备的智慧运行。

（3）全面提升供电可靠性与供电质量，为客户精准画像，实现精准服务。

南方电网生技部相关负责人表示，未来的智能配电网将综合物联网、大数据、云计算、移动互联网等智能技术，对电网数据、设备状态、环境信息、用电信息及外部数据等进行集成分析，合理安排停电计划、快速抢修故障、充分消纳大规模接入的分布式电源，全面提升供电可靠性与供电质量。

“记录客户用电习惯，实现居民、工商业客户的精准画像。”据介绍，通过非侵入负荷辨识及人工智能技术，未来将通过对客户行为特性进行分析，准确预测客户用电负荷，并基于客户用电行为分析结果，智能优化停电计划，缩短计划停电时间。

在快速复电方面，利用智能配电网自愈控制技术快速定位、隔离故障，恢复非故障区段供电，减少故障停电时间。应急指挥中心在接收故障信息后，调用现场状态监测信息，确定故障地点和设备故障类型，通知配网抢修人员携带相应装备快速实施现场抢修，客户服务系统精准识别停电区域内正在用电的客户信息，通过移动互联网手段告知客户停电信息，实时更新配网抢修进度，实现精准服务。

新时代，人民群众的用电需求发生了巨大的变化，从“用上电”转为“用好电”，这就要求电网企业要不断提升供电可靠性和电能质量，满足人民追求美好生活的电力需要。当前，南方电网正加大技术创新，提升电网生产智能化水平，为打造安全、可靠、绿色、高效的电网提供坚强保障，推动公司向“装备智能化、运行智慧化”转型升级，真正做到“人民电业为人民”。

5.2.4 促进新发展，推动综合能源服务业务发展

南方电网将在接下来的工作中重点关注在综合能源服务方面的发展，将聚焦点放在新能源、节能服务、能源综合利用、电能替代、储能、关键科技装备、综合能源创新服务、“互联网+”服务八大业务板块上，重点抓住产业

园区、工业企业、大型公共建筑、大型商业综合体、交通枢纽、数据中心等对象，瞄准重大项目资源，统筹运用能效诊断、节能改造、用能监测、分布式新能源发电、冷热电三联供、现代储能等多种技术，引领综合能源服务业务发展。

1．关于业务发展重点

新能源。开展光伏、风电等大型分布式清洁能源业务，开发屋顶资源丰富、电量消纳能力强的重点行业优质光伏项目，开发“光伏+储能+充电站”优质资源项目，开发农业、渔业等互补项目，积极支持新能源发展。联合组建发展共同体，参与优质海底电缆和海上升压站投资，支持海上风电发展。

节能服务。立足南方区域，积极布局京津冀、华东工业发达、电量密度高、电价高的地区，开展工业节能、能源托管、能效管理、节能咨询等节能业务。推进客户侧节能，聚焦大型企业集团及重点用能企业，为客户提供节能服务及电能质量管理综合解决方案。推动配电网节能等项目的实施，逐步在全网推广台区综合节能改造。投资运营新建建筑的集中供冷/供热（热水）等能源托管项目。开展城市公共照明、公共建筑及基础设施等领域的节能改造和投资运营，推广南方电网节能照明品牌，逐步在全网变电站推广站用节能照明改造。

能源综合利用。开发天然气分布式能源、生物质发电、余热余气利用等能源综合利用项目，构建以电为中心的集成供能系统。在大型工商业客户、新产业园（商务）区、大型公共设施等区域，建设“网电+天然气分布式能源、生物质发电、冷热电三联供”等多能互补系统，满足终端客户对电、热、冷、气等多种能源的需求。加强对冷热电三联供、天然气分布式能源市场开发和项目布局，建立分布式能源项目库，统筹纳入电网规划并集中管控发展，为负荷密集区客户增容提供全面解决方案。

电能替代。大力推进电能替代，提升电能在能源消费终端的比例，推进用户侧再电气化与能效提升。应用电锅炉、专用充电站、余热回收、绿色照明等高效用能技术，推动电动交通、电动船舶（如内河轮渡、运输）、大功率电磁厨房、港口岸电、大型蓄能及供水供热场所、工矿饮食企业等的电能替代改造，降低客户能源成本，改善客户用能体验。大力推进交通系统电气化，整合组建全网电动汽车产业平台，网省联动打造电动汽车充电设施相关产业；

推进港口岸电工程建设，力争实现南方五省区江河湖海岸全电覆盖。

储能。逐步开拓引领电网侧、电源侧和用户侧储能市场，发展成为储能系统集成与服务商。以项目投资方式进入峰谷电价差大的地区储能市场，如珠三角的大型工业企业、商业综合体等客户储能等。积极建设电网侧储能电站，开展一批 100 兆瓦大型储能电站示范项目，解决集中式可再生能源并网及电网调峰调频调压、黑启动等问题，提高能源利用效率和电网整体资产利用率。

关键科技装备。聚焦国内外智能电网、快速响应电锅炉、低温供暖、相变储热、储电（冷）系统集成等前沿技术，搭建公司智能电网科技装备发展平台，依托网内科研单位与大集体制造业单位，加快研制智能电锅炉、储能装置、计量装置、充电桩、智能芯片、智能配电装置等一批具有自主知识产权的智能电网关键技术和产品设备，参与高端能源科技装备市场竞争。

综合能源创新服务。开发以智能用电、大数据、物联网、智能家居为核心的综合能源服务新产品。利用能源大数据研究客户能源消费行为特征，预测宏观经济走势和行业发展，为客户经营发展、能源交易提供有效的决策支撑。结合综合能源项目，培育开发经济开发区综合能源及工业废物处理一体化项目。结合四网融合、三表合一、智能用电，提供智能小区、智能家居等一站式能源服务创新解决方案。

“互联网+”服务。整合电融通、南度度节能服务网、南方电网商城、充电平台、需求侧电力交易系统等互联网平台，以源网荷储实时数据为纽带，对接电、气、热等多种用能需求，搭建公司统一的产业互联网平台，提供“互联网+电商”、购售电交易、碳交易、光伏、节能改造、节能分享、能效管理、需求侧响应等多位一体的线上综合能源服务，打造能源领域“阿里巴巴”，为客户提供智能调控、需求响应、交易预测、数据挖掘等服务。

2. 关于业务发展界面

业务界面不搞绝对化，强化专业化和属地化协同，实现各主体之间优势互补、合作共赢，具体业务界面划分如下。

南方电网综合能源有限公司。作为网级综合能源服务专业公司，其是能源供应、节能与环保业务的投资运营主体。其以综合能源先进技术开发整合为支撑，以投资为载体，利用先行优势和业务基础，统筹开展综合能源业务规划、市场拓展和项目投资及运营，发挥专业公司专业能力、规模效应，拓展供电区域外市场，深度开发东南亚市场，布局全球市场，做强、做专、做优综合能源业务。

南方电网产业投资集团。作为产业股权投资平台、经营租赁平台，其开展综合能源产业链投资、并购和合作。其整合全网电动汽车充电服务平台，开展电动汽车充换电服务、电动车租赁及其衍生业务；整合发挥系统内外装备研发制造企业能力，推动智能电网技术研发创新，为综合能源服务发展提供支撑。搭建统一的产业互联网平台，开展“互联网+”多位一体的综合能源服务，进行其他能源科技新兴产业开发。

南方电网调峰调频发电有限公司。其主要从事调峰调频电源、储能项目建设和运营，电网侧储能项目可联合省地公司开展。

省级电网公司。其依托坚强的智能电网，以智慧用能和多能互补为发展方向，构建以用户为中心、以电力为基础的新型智慧能源模式；负责综合能源业务的规划，为客户制订综合能源服务的整体能源解决策略。省级产业的专业公司是属地其他综合能源服务业务的实施主体（其在原则上不开展与公司资本运作主体同质的业务），发挥属地化优势，开展微电网、储能、客户代维、“三表”合一、“四网”融合、IDC、市场化售电、智慧路灯等业务；协同开展网级专业公司业务的前期开发。

地市供电局。其负责为客户制订综合能源服务的整体能源解决方案，实施属地充换电设施建设等业务。地市大集体企业作为属地综合能源业务开发、建设、运维和服务平台，依托属地化资源和灵活优势，开发电能替代、市场化售电、节能服务、能源托管、设备代维等属地客户需求业务，以及开发三联供、分布式光伏、储能等综合能源供应项目；根据需要，承接网级主体综合能源项目设计、施工及项目投产后的运行维护等项目。

3. 关于协同发展机制

建立两类业务协同机制。各级管制类电网公司、供电企业为综合能源服务业务发展主体，推动“供电+综合能源服务”业务转型，在省级电网公司和地市供电局探索成立综合能源服务中心或业务小组，为综合能源业务提供专业技术和协同服务，为客户提供一揽子整体能源解决方案。各级专业公司及大集体企业为综合能源服务产业实施主体，按各自业务界面承接综合能源业务。

建立市场开拓体系。由公司产业投资部统筹协调，以网级专业公司和大集体企业为投资实施主体，省地公司为前端信息收集和项目服务提供支撑，通过定期会议机制，网省地有效协同，构建上下联动、协同高效的市场拓展体系，统筹全网资源，规模化、体系化拓展业务。

深化网省协同合作机制。省地公司为网级主体提供市场开发、产品供应、工程建设、运维服务等业务协同，由投资主体按照市场公允的标准向协同方支付费用，实现效益共享。网级主体投资建设的项目，在同等条件下由省地公司负责项目建设、运维工作。

建立联动考核机制。建立网省地联动的考核激励模式，将业务合作的经营业绩指标按照“双算”原则分别纳入协同各方年度绩效考核，探索“年度绩效考核+业务协同专项奖励”的考核模式，激发各参与方协同发展的内生动力。网级专业公司侧重于业务规模、利润、收入等经营指标；省级专业公司、属地集体企业侧重于综合能源业务协同开发规模，承接工程（建设、运维）合同额、建设及运维支撑能力等业务指标。

5.3 本章小结

本章主要介绍了南方电网目前取得的成果，并对之后的工作进行了展望，紧跟新一轮发展趋势，构建现代供电服务体系，跟随科技脚步打造智能新装备，推动在综合能源服务业务方面的规划和布局。

参考文献

[1] 王志轩. 中国能源电力转型的十大趋势[J]. 华北电业，2019，292(01)：66.

[2] 佚名. 南方电网首个配电网巡检机器人投入运行[J]. 变压器，2018，55(12)：71.

[3] 邱波.“一带一路”倡议下中国电力企业“走出去”发展的实践与启示——以南方电网为例[J]. 对外经贸实务，2018(12)：80-83.

[4] 段力勇，李方勇，王庆红，等. 全国碳市场背景下的电网企业碳资产管理工作建议[J]. 应用能源技术，2018(11)：1-5.

[5] 彭文蕊. 南方电网网级营销监控平台试运行[J]. 农村电工，2018，

26(12)：2.

[6] 何道娟. 南方电网钦州浦北供电局：深化精益管理 提升发展质量[J]. 广西电业，2018(11)：7.

[7] 佚名. 南方电网获首届央企网络安全攻防大赛二、三等奖[J]. 云南水力发电，2018，34(05)：16.

[8] 冯国平，解文艳，吉小恒. 南方电网大数据发展研究[J]. 南方能源建设，2017，4(S1)：13-17+27.

[9] 佚名. 南方电网西电东送电量首破 2000 亿度[J]. 中国电力教育，2017(12)：7.

[10] 佚名. 南方电网广东公司全面启动智能电网示范区建设[J]. 电源世界，2017(11)：39.

[11] 赵恒煜. 南方电网调峰调频公司：创新攻克难题 技术引领世界[J]. 广东科技，2017，26(10)：24-27.

[12] 谢辉. 全国首个电网企业小程序“南方电网 95598”上线[J]. 农村电工，2017，25(09)：4.

[13] 帅泉，何靖治，许苑. “四网融合”智能家居——南方电网首个“互联网+智慧用能综合示范小区”项目试点广州投产[J]. 农村电工，2017，25(09)：12-13.

[14] 林成虎，王志英，余文辉，等. 南方电网供电可靠性管理集成应用模块建设[J]. 广东电力，2017，30(07)：131-135.